SUSTAINABLE
TOURISM

サステナブル
ツーリズム

地球の持続可能性の視点から

藤稿 亜矢子 著

晃洋書房

はじめに

　観光産業は，今や世界のGDPの10%を占めるまでになり，燃料産業，化学産業，に続き3番目に大きい輸出産業であり，自動車産業，食品産業をも上回っている（図1）。2012年の国連持続可能な開発会議（リオ＋20）においては，世界がどのように持続可能な経済システムへと移行していくべきか，ということが話し合われ，この時，観光も初めて主要な産業のひとつとして議論に含まれたが，それまでの国連会議では，ここまで大きく観光が取り上げられることはなかった。世界で急激な拡大を続ける観光産業の環境への負荷を科学的に試算した研究によると，その成長の速度は，負荷の削減や効率化のためになされているさまざまな努力を追い越してしまうだろうと結論づけられている（Gössling and Peeters, 2015）。今後，観光産業による環境への負荷に対して適切な対策を取らなかった場合，2050年までに同産業におけるエネルギー消費は154%，温室効果ガスの排出は134%，水の消費は152%，廃棄物の量は251%にまで増加すると予測されている（UNEP, 2016）。

　産業規模が大きくなればなるほど地球環境への負荷が増大するのは当然であり，観光業界全体を持続可能な方向へ転換できるかどうかは，喫緊の課題である。本書はこのような「地球環境の持続可能性」という視点から観光について考えるための入門書である。

　サステナブルツーリズムという言葉と概念が誕生してから20年以上が経つが，実践的進歩は早いとはいえない。その要因のひとつは，サステナブルツーリズムの不十分な理解と，それに基づくこの概念の安易な使用にあったとも言えるだろう。これまで，"サステナブルツーリズム"，"持続可能な観光"というと，

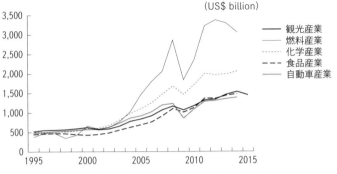

図1　世界の輸出における観光産業の拡大
出典：UNWTO (2016)

「小規模であることを良しとする観光」や，「地域経済が潤う観光」「地域コミュニティが主体となった観光」「自然の中で環境負荷を減らすように計画した観光」といったイメージが多く語られ，特に日本においては，「地域が持続的に発展するための，地域活性化に貢献する観光」と捉えられているケースが多い。これらひとつひとつはもちろん間違いではないが，サステナブルツーリズムのほんの一部分でしかない。小規模であっても，大規模であっても，また国際観光であっても，地域的な観光であっても，すべての観光形態において，**地球および地域の持続可能性**に配慮するのがサステナブルツーリズムであり，よっていかなる観光もその施策を取り入れていかなければならない。

　一方，世界のほとんどの国において観光関連省庁の主たるゴールは，自国の観光振興や外貨獲得であり，その予算のほとんどは観光の宣伝，促進，拡大，に使われることになっており，観光省が，環境省や持続可能性に関わる省庁と直接協働することは，決して多くはない (Wood, 2017)。こうした背景から，多くの国で観光に関わる政策決定者が環境配慮を優先的に謳うことは難しいのが実情である。UNWTO や UNEP, IUCN などの国際機関は，長期にわたって「環境に配慮した観光」や「地域社会の持続可能な発展に寄与する観光」といった観光の持続可能性の課題解決について情報やガイドラインを提供し続けて

いるが，各国のこのような状況もサステナブルツーリズムの実践を遅らせてきた要因であろう。

　幸いなことに，2000年代に入って再び急速にこの概念にスポットが当たり始めたが，そのもっとも大きな要因について Lane (2009) は，すでに起こり始めた「気候変動」の深刻な破壊力を人々が実感するようになってきたことにあると述べている。事実，"気候"は，重要な観光資源のひとつであり，気候の特性ゆえに観光地となっている場所は世界中に数多くある。にもかかわらず，観光産業の経済・環境パフォーマンスにおいては，その産業全体から排出される温室効果ガスによる負の側面を計算すれば，観光産業は世界でもっとも､サ､ス､テ､ナ､ブ､ル､で､は､な､い産業と位置づけられてもいたしかたない状況である (Becken, 2008; Gössling et al., 2005; Gössling and Hall, 2008; Gössling et al., 2009)。とはいえ，UNWTO などさまざまな組織が，気候変動への対策を考えるにあたって観光産業で最大の温室効果ガス排出源といえる航空セクターのみに焦点を当てることは避けるべきだとしている。長距離移動のみを問題視することは，発展途上国における観光による経済成長のチャンスを奪うことにもなりかねないからである (Caribbean Hotel Association and Carribian Tourism Organization, 2007; Gössling et al., 2009)。環境配慮を最優先にして，世界の貧困層や弱者を置き去りにすることがあってはならないし，それは第1章で述べる"持続可能な開発"の根源的な考え方である。

　このように，サステナブルツーリズムの実現には，常にジレンマ，トリレンマがつきまとうため，決して簡単なことではない。しかし観光は，人々が移動したり，見たり聞いたり，食したり，体験したり，滞在したり，というさまざまな行動とそれに伴う産業の集合体であることから，このひとつひとつの細かい行為と経済活動において持続可能な施策を追求していくことが可能である。実際に観光ビジネスの運営方法を持続可能なものにすることは，さまざまなコスト削減につながり，結果的に利益を上げることにもなると，多くの研究が示

している。(Blanco et al., 2009; Bushell and Simmons, 2013; Six Senses, 2009)。さらに，持続可能性に配慮したビジネスは，今後いっそう競争力が高まると思われる。たとえば大手の旅行予約サイトBooking.comが2017年に実施した調査によれば，過去に1度でも環境に配慮した宿泊施設に泊まったことがあると答えた人の割合は2016年の34％から2017年は65％と倍増し，また全体で68％の回答者が，宿泊施設選びの際に環境への取組を考慮すると答えている（Booking.com, 2017）。こうしたさまざまな事実は，より一層，観光業界における持続可能な取り組みを後押しすると期待される。

一方，「持続可能な観光」といっても，それぞれの地域，国，市町村によって，文脈は異なり，やるべきことの優先順位も当然異なってくる。もっとも簡単な例を挙げれば，ヨーロッパ，アメリカ，日本，中国などの先進国と新興国におけるマスツーリズムを考えれば，CO_2の排出削減，資源の過剰利用を止める，経済拡大が最優先の開発を見直すなど，地球環境への負荷を最小限にする"持続可能な経済活動への転換"をまず考えなければならない。逆にこれらの国々においても，過疎化地域や衰退しつつある地方の小規模な観光では，地域コミュニティが主体となり，いかに地域資源をうまく使って"持続可能な地域づくり"を観光で担っていくか，が優先課題であろう。また，アフリカや南米，東南アジアなどの最貧困国においては，環境負荷の削減以上に，基本インフラの整備，水の確保，教育，地域コミュニティの貧困削減など"持続可能な経済発展"がまず急がれる。このことからもわかるように，サステナブルツーリズムには，大きく2つの意味合いがある。すなわち，**「持続可能な経済システムを目指し，環境負荷を最小限にする観光」**と，**「地域的な貧困や諸課題を解決し，持続可能な経済発展に寄与する観光」**という意味である。むろん，この2つは同時進行で進められるべきものであるが，やはり先に述べたように，地域別，国別の状況によって優先状況は異なるであろう。

本書は，この2つのうち，特に前者の意味合いについて重きをおいている。

そのため，発展途上国や過疎化地域などの"持続可能な経済発展，地域づくりに寄与する"という側面や，社会・文化的保全の側面については，多くのページを割いていないことをまずお詫びしておくが，すでにこの分野においては，開発経済，地方行政，地域研究，観光学に関連して多くの良書があり，また現場での実践も大いに進んでいる。同様に，生物多様性保全の観光施策がもっとも進んできた"自然保護区における観光"，"エコツーリズム"，といった分野についても，すでにその研究と実践の歴史は長いため，本書で詳細にふれることは割愛した。むしろ，自然環境と直接関わりのないような一般的な観光も，さまざまな形で生物多様性に多大な影響を与えていることをここでは強調している。

サステナブルツーリズムの根幹をなす「持続可能な開発」という考え方が世界の状況とともに進化してきたように，現在は何よりも"全球的な持続可能性"も念頭に置かなければならない時代となった。その背景には，地球温暖化による気候変動と，一向に止まらない生物多様性の損失による，地球というシステムそのものの持続可能性の危機がある。このような地球の危機も，30年以上前からずっと言われてきたことではあるが，この先また30年と解決を先延ばしにすることはできない状況になっている。2000年代に入り，世界的に持続可能な共生社会の実現，新たなグリーンエコノミー[2]の構築が急務となっていることから，観光産業がそこに果たすべき責任と役割は大きい。本書は，特にこの点を重視して構成されており，実践においては低炭素，自然共生，持続可能な消費と生産といった，観光産業全体で求められる施策について解説している。

特に，初めてサステナブルツーリズムという概念に触れる学生を読者として想定しているため，第1章では，持続可能とはどういうことを指すのか，「持続可能な開発」とは何なのか，歴史的にどのような背景があったのか，ということから始めており，その上で，拡大を続ける観光産業が今求められている役割について解説している。本来，サステナブルツーリズムが目指すべきところ

を知るためには重要な点である。次に第2章では，サステナブルツーリズムの定義と原則を解説し，それらを実現していくにあたり参考となる基準や指標，方法論などを紹介している。簡単に「サステナブルツーリズムとは何か？」を知りたい方は，この章を読んでいただければ良いだろう。第3章では，「持続可能な開発」を目指してきた地球が，現在でも一向に改善していない状況であることを解説し，その上で観光が与える地球環境への負荷について学ぶ。これらは，何をすべきか，なぜそれをしなければいけないのか，という実践を考える上での前知識として重要である。すでに"環境"の分野では言及されていることがほとんどであるが，環境問題を"観光"という文脈で考える上では役立つであろう。最後に第4章では，有限な地球で急務となっているグリーンエコノミーへの転換において，どのようなサステナブルツーリズムを実践していかなければいけないのか，具体的な施策やステークホルダーの役割を解説している。

　サステナブルツーリズムは，新たにいちから創り出さなければいけないものではなく，すでにあるさまざまな施策を，できるだけ多く組み合わせて実現していけるものである。本書でもそうした努力の各国における実例を紹介している。すべての観光ができるだけ早くサステナブルな形態になるように，将来，観光産業を担っていくであろう人たちにとって，本書が新たな物の見方を提供することを願う。

注
1） リオ＋20で議論された持続可能な経済システムは，グリーンエコノミーレポート（UNEP 2011）に詳しい。本書第1章3参照のこと。
2） グリーンエコノミーについては，第1章3参照。

CONTENTS

はじめに

第1章 「持続可能な開発」とサステナブルツーリズム — 1

- 1 「持続可能な開発」という概念の発祥 …………………… 3
- 2 観光産業の拡大と持続可能な開発 ……………………… 7
- 3 地球サミットからグリーンエコノミーへ：観光への期待 … 12

第2章 サステナブルツーリズムの概要 — 23

- 1 サステナブルツーリズムの定義と原則 ………………… 25
- 2 サステナブルツーリズムの適用範囲 …………………… 31
    1. サステナブルツーリズムと他の観光の位置づけ
    2. 観光形態によるサステナブルツーリズムの優先施策
- 3 サステナブルツーリズム実現を補完するツール ………… 33
    1. サステナブルツーリズムの基準と指標
    2. 認証制度
    3. 観光環境容量（Tourism Carrying Capacity）
- 4 サステナブルツーリズムの実践者 ……………………… 47
- 5 サステナブルツーリズム実践の課題 …………………… 48
    1. 観光産業の特性：複雑なサプライチェーンと旅行会社の役割
    2. 中小規模の事業者

第3章 現在の地球から考える持続可能性 — 59

- 1 現在の地球の状況 ………………………………………… 61
- 2 地球の持続可能性と観光が与える負荷 ………………… 70

1　エネルギー消費と温室効果ガスの排出
　　　2　生物多様性の損失
　　　3　水の過剰利用と廃水
　　　4　資源の過剰利用と廃棄物

第4章　有限な地球におけるサステナブルツーリズムの実践 ──── 85

1　必要不可欠なグリーン施策 …………………………………… 87
　　　1　低炭素型観光
　　　2　自然共生型観光
　　　3　節水と廃水管理
　　　4　持続可能な消費と生産
　　　5　まとめ
2　総合的な環境配慮がもたらすメリット …………………… 131

第5章　真のサステナブルツーリズムを目指して ──── 135

巻末資料　141
GSTCによる宿泊施設およびツアーオペレーター用の基準と指標
GSTC観光地用の基準と指標

参考文献　163

国際機関等，略語リスト

CBD: Convention on Biological Diversity（生物多様性条約）
EAP: US Environmental Protection Agency（米国環境保護庁）
EEA: European Environmental Agency（欧州環境庁）
FAO: Food and Agriculture Organization of the United Nations
　　（国連食糧農業機関）
GSTC: Global Sustainable Tourism Council
　　（グローバル・サステナブル・ツーリズム協議会）
ICAO: International Civil Aviation Organization（国際民間航空機関）
IEA: International Energy Agency（国際エネルギー機関）
IFAD: International Fund for Agricultural Development
　　（国際農業開発基金）
IFEN: Institut français de l'environnement（フランス環境研究所）
IPCC: Intergovernmental Panel of Climate Change
　　（気候変動に関する政府間パネル）
IUCN: International Union for Conservation of Nature
　　（国際自然保護連合）
MDGs: Millennium Development Goals（ミレニアム開発目標）
SDGs: Sustainable Development Goals（持続可能な開発目標）
TIES: The International Ecotourism Society（国際エコツーリズム協会）
10YFP: 10-year framework of programmes on sustainable consumption
　　and production patterns
　　（持続可能な消費と生産に関する10年計画枠組み）
UNEP: United Nations Environmental Programme（国連環境計画）
UNWTO: United Nations World Tourism Organization
　　（国連世界観光機関：旧 WTO）
WCED: World Commission on Environment and Development
　　（環境と開発に関する世界委員会）
WCS: World Conservation Strategy（世界保全戦略）

WEF: World Economic Forum（世界経済フォーラム）
WFP: United Nations World Food Programme（国連世界食糧計画）
WMO: World Meteorological Organization（世界気象機関）
WSSD: World Summit on Sustainable Development
　　　（持続可能な開発に関する世界首脳会議）
WTO: World Tourism Organization（世界観光機関）
WTTC: World Travel & Tourism Council（世界旅行ツーリズム協議会）
WWF: World Wide Fund for Nature（世界自然保護基金）

SUSTAINABLE
TOURISM

第 **1** 章 | 「持続可能な開発」と
サステナブルツーリズム

何を学ぶか？

　サステナブルツーリズム，とは日本語に訳せば「持続可能な観光」であるが，これは突然にして流行語として出てきたわけではない。この言葉が示すことを正しく理解するためには，まずこの概念がなぜ生まれてきたのか，そのルーツはどこにあるのか，を知ることが重要である。そこを理解していないと，本当に意味でのサステナブルツーリズムの実践にはつながらない。「サステナブル」という言葉が，社会全体に氾濫し，多用されている時であるからこそ，いま一度，「持続可能にする」というのはどういうことなのかを振り返ってみることにする。

1 「持続可能な開発」という概念の発祥

　地球規模での環境問題の悪化が，全人類にとって脅威であることが合意され始めたのは70年代であるが，このようなグローバルな環境問題に関わる流れを時系列にまとめると図1-1のようになる。すでに60年代に，アメリカで出版されたR.カーソンの『沈黙の春』[1]は社会に大きな影響を与え，人間活動が自然環境に与える悪影響の大きさを一般市民にも認識させた。また同じ年代に，G.ハーディンの論文「コモンズの悲劇」[2]も発表され，人々の共有財産であるような資源や環境が，劣化しないように管理していくことの難しさが示された。その後，地球環境問題の議論が世界で高まるきっかけとなったのが，1972年の「国連人間環境会議」である。ここでは，地球は宇宙に浮かぶひとつの宇宙船"宇宙船地球号"のようなものであるとたとえられ，この宇宙船の中にある資源は限られているということを人々に再認識させた。

　このようなグローバルな流れにおいて，"サステナブル"という概念について考える上で重要なのが，1980年に発表されたIUCN，UNEP，WWFによる『世界保全戦略』（以下WCS）[3]である。WCSでは，①重要な生態系と生命維持システムを保全すること，②遺伝的多様性を保存すること，③種や生態系の利用にあたっては持続可能な方法で行うこと，が目標として明示され，自然環境と自然資源が保全されなければ，自然の一部として存在する人間に未来はないことが示された（図1-2）。かつ，数億にものぼる発展途上国の人々の貧困を救うための開発が行われなければそうした環境保全も達成できない，ということも強調されている（IUCN et al., 1980）。ここで初めて，自然環境保全を大前提としながら，経済発展を目指す**「持続可能な開発（sustainable development）」**という概念が提唱されたが，前述のように開発の議論の対象は主に発展途上国であった。WCSは，当時世界中で起こっていた大規模な環境問題，たとえば熱帯林の破壊，砂漠化，酸性雨，種の絶滅，土壌流出，環境汚染など

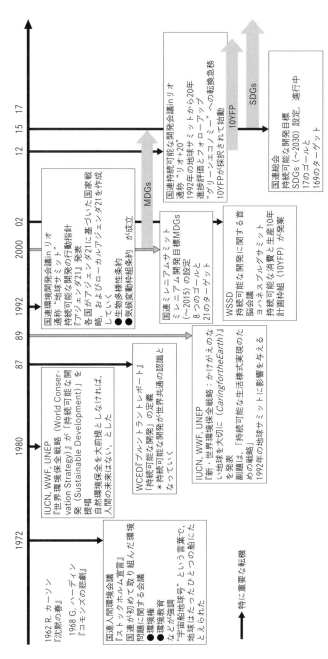

図 1-1 環境問題に関連する世界の流れ

略語説明
IUCN (International Union for Conservation of Nature：国際自然保護連合), WWF (World Wide Fund for Nature：現．世界自然保護基金), UNEP (United Nations Environmental Programme：国連環境計画), WCED (World Commission on Environment and Development：環境と開発に関する世界委員会), WSSD (World Summit on Sustainable Development：持続可能な開発に関する世界首脳会議), MDGs (Millennium Development Goals：ミレニアム開発目標), SDGs (Sustainable Development Goals：持続可能な開発目標), 10YFP (10-year framework of programmes on sustainable consumption and production patterns：持続可能な消費と生産に関する10年計画枠組み)
出典：藤稿 (2017) に加筆

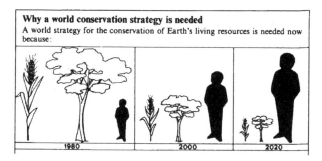

図1-2 WCSで示された2020年の予想図
人間が生きるために不可欠な自然資源を、人間自らが劣化、減少させている一方、更に人間による負荷は増大する、というアンバランスを示したもの。
出典：IUCN et al. (1980)

に警鐘をならし、このような地球規模の環境問題に対処するために、どのように限られた自然資源を保全していくべきか、また人間の生活そのものを支えている生態系をどのように守っていくべきかという戦略を示したものである。現代世代における問題に言及しつつ、WCSは環境保全を以下のように定義している。

> 現代世代に最大限の持続可能な利益をもたらしつつ、将来世代のニーズや希望にも応えられるようにするために、人間による生物圏（自然環境）の利用を管理していくこと（IUCN et al., 1980）

ここで言われる、"現代世代の持続可能な利益"とは、先進国、途上国ともに平等に配分されるべきものであり、さらには、それが将来世代にわたって失われないようにすることが必要であるとされ、まさにこれが「持続可能な開発」の概念の原型である。WCSが、将来世代のための資源維持、先進国と発展途上国との格差や不公平な資源配分の解消、また環境保全を大前提とした経済発展、といった地球が目指すべき方向性を、世界で初めて包括的に取り上げたことの意義は大きかった。

WCSの発表の後、UNEPは、持続可能な開発の理解と実践をさらに進める

ため,『環境と開発に関する世界委員会』(以下 WCED)を1983年に立ち上げた。ブルントラント女史を委員長とした WCED は,21人の世界的な有識者によって構成され,約4年間で計8回の会合を開き,1987年には,通称ブルントラントレポートとして有名な『Our Common Future(われわれ共通の未来)』を発表した。ブルントラントレポートでは,「持続可能な開発」を以下のように定義している。

> **将来世代が彼らのニーズを満たすことができなくならないようにしながら,現在世代のニーズを満たすような開発**(WCED, 1987)

これは,WCS が提唱した持続可能な開発の考え方をそのまま引き継いでいるが,世界的にこの概念が広まったのは,まさにこのブルントラントレポート以降である。また,この2年後には,『新・世界環境保全戦略:かけがえのない地球を大切に』が発表され(IUCN et al., 1987),持続可能な社会の実現のために必須な以下の9原則が掲げられた。これは,より具体的な行動指針である。

> (1)生命共同体を尊重し,大切にすること,(2)人間の生活の質を改善すること,(3)地球の生命力と多様性を保全すること,(4)再生不能な資源の消費を最小限に食い止めること,(5)地球の収容能力を越えないこと,(6)個人の生活態度と習慣を変えること,(7)地域社会が自らそれぞれの環境を守るようにすること,(8)開発と保全を統合する国家的枠組みを策定すること,(9)地球規模の協力体制を創り出すこと(IUCN et al., 1987)

このように基本的な概念の定義に立ち返ると,持続可能(sustainable)であるということは,① 地球そのものの維持システムである生態系の保全を最優先で行い,② 地球の資源が有限であることを認識し,③ その資源から得る利益は先進国,途上国,世界,地域で公平に分配され,④ 将来世代にもこの地球環境の恵みを受け渡す,ということにほかならない。

2 観光産業の拡大と持続可能な開発

　前項で,「持続可能な開発」について学んだが,次にそうした動きと観光との関連性をみてみよう.

　観光は,第二次世界大戦後に徐々に人々の娯楽として定着していったが,中でも50年代のジェット旅客機の登場以来,急速に規模が拡大し(図1-3),いわゆるマスツーリズムがヨーロッパを中心に発展した.その後,80年代末期の東西冷戦の終結によって,更に人の行き来は後押しされ,観光の形態,行き先,なども多様化していった.図1-3にみるように,70年代から後半から,観光客の行き先は,アジア,太平洋州,アフリカなども徐々にも増え,いわゆる発展途上国に人々が行く機会が多くなっている.特に,未開発の地における豊かな自然と野生生物にふれるサファリのような旅行形態は人気を博し,熱帯地方への観光も増えていったが,それにつれて人々は,途上国における希少な自然を楽しむ贅沢な観光の裏にある,現地での根深い貧困問題を目の当たりにするようになっていく.

　このような背景から,自然保護と地域コミュニティの経済的利益の享受を両立するような観光として,"エコツーリズム"が1982年のIUCN世界公園会議で提唱された(図1-4).エコツーリズムは,WCSの[6]「持続可能な開発」の考え方を受け,特に発展途上国における自然環境保全と地域社会の経済発展との両立,および環境教育を目指して提唱された.途上国の中で,まだ豊かな自然環境が残されているような地域,特に熱帯雨林や原生的な海洋環境などを有する地域において,それらを破壊するような開発で短期的な経済的利益を得るのではなく,むしろ観光資源として利用することで先進国からの観光客を誘致し,経済発展と自然保護資金の確保を目指したものである(解説1参照).

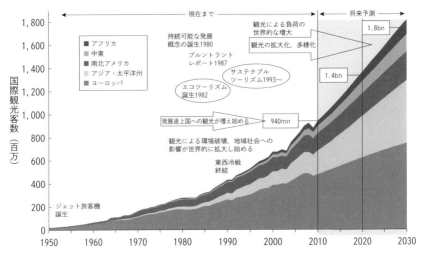

図1-3 世界的な観光客数の推移と予測,および観光に関わるトピック
出典:UNWTO(2017b)のグラフに筆者加筆

解説1 エコツーリズムとは

　エコツーリズム本来の姿は,IUCNとWWFによる初期の定義によく集約されており,また現在ではTIES(The International Ecotourism Society:国際エコツーリズム協会)による定義がそれを踏襲している(表1-1)。これらを簡潔にまとめると,エコツーリズムの大原則として,①自然保護のための資金調達,②地域社会への経済的利益(雇用),③環境教育,がなくてはならない三要件といえる。日本においては,環境庁(現環境省)による定義も,これらと同等の内容を詳細に示していた。エコツーリズムは,この3本柱を軸として,地域資源の保全,地域振興,観光振興を実現していくものである。

　このように,環境保全と経済的発展の両立を目指してきたエコツーリズムであるが,やはり他の観光形態と同じように環境に負荷を与える。特に,エコツーリズムが導入される地域は,希少な自然が残る場所であり,人の介入による変化に対して脆弱な生態系が多いことから,観光による影響を受けやすい。その為,エコツーリズムによって自然環境が破壊される,という事態も80年代後半から世

表1-1 エコツーリズムの定義（例）

◆IUCN（国際自然保護連合）による定義（1982）
自然保護地域のために十分な資金を生み出し，地域社会に雇用の機会を創出し，旅行者に環境教育の場を提供することによって，自然保護あるいは自然保護地域つくりに貢献する自然観察または地域文化を学習する観光

◆WWFによる定義（1990）
エコツーリズムとは，保護地域のための資金を生みだし，地域社会の雇用機会を創造し，環境教育を提供することによって，自然保護に貢献するような自然志向型の観光

◆TIESによる定義（2015）
エコツーリズムとは，環境を保全し，地域の人々の幸福（福祉）を維持し，観光従事者と旅行者の双方に意味のある解釈と教育をもたらすような，自然地域への責任ある旅行

◆環境庁による定義（1992）
世界的にもまれなほどに多様な自然を有するわが国の各地域固有の自然と，その中で生活する地域住民と自然とのかかわりから生まれた文化資源について，それらとの接し方を含めてガイドを提供し，旅行者が地域の自然・文化への深い理解を得るとともに，自然保護意識の高揚や人間形成を図ることができるような旅行。さらに，その活動による環境に対する影響を最小限にとどめ，かつその収益が地域の環境保護のために貢献するしくみをもつ旅行

出典：藤稿（2017）

中で見受けられるようになった。また，経済発展を重視するあまり，本来エコツーリズムの主役であったはずの地域住民が阻害され，何の利益も得られないような事態も各国で発生した。こうした本末転倒の状況を早急に改善する必要があったため，エコツーリズムが真に「持続可能な」ものとなるよう，国際エコツーリズム協会は，1991年から繰り返しステークホルダーミーティングを行い，各国の産業界，政府，研究者，地域コミュニティ，NGOらの見解をまとめて，表1-2の『エコツーリズムの原則』をまとめた。現在ではこの原則が世界水準であるが，日本国内でも当てはまる内容であり，また一部は，第2章1に解説するサステナブルツーリズムの原則とも重なるものである。

その後もエコツーリズムは，世界中で発展を続けており，特に自然保護区においては主要な観光形態となっている。その発展に従って，もともとの概念や定義も拡大していき，エコツーリズムの種類もさまざまなものが出現してきた。しかし，その定義や原則の適用に差異があることから勝手な解釈も生まれ，いまだに"エコ"をマーケティングツールとして使用したグリーンウォッシング[*1]なエコツ

> **表 1-2　エコツーリズムの原則**
> ・観光地にダメージを与えないよう自然環境と文化への負の影響を最小限にする
> ・旅行者に，保全の重要性を教育する
> ・責任あるビジネスの重要性を強調し，地域のニーズを満たし保全による利益を生み出すように，地方自治体や地域の人々と協働する
> ・保全の為の直接的な収入を生み出し，自然環境と保護区を管理する
> ・地域全体と，エコツーリズム予定地である自然地域双方のために，観光区域計画と観光客管理計画を重視する
> ・環境と社会の基礎的な調査を用いること，また影響を最小限とするために長期的なモニタリングを実施することを重視する
> ・受け入れ国，また地域産業と地域コミュニティ，特に自然地域と保護区周辺に生活している人々への経済的利益が最大限になるように努力する
> ・地域の人々との協働によって研究者が推定した社会的，環境的な変化許容範囲を超えない形で観光開発をする
> ・環境と調和するように開発されたインフラを利用し，化石燃料の使用を最小限に抑え，地域の動植物を保全し，自然と文化を融合させる
>
> 出典：UNEP and TIES（2002）を筆者翻訳

ーリズムも氾濫し，前述の三要件を伴わないような名ばかりの"エコツアー"も見受けられるようになっているため，注意が必要である。基本的には，エコツーリズムやエコツアーを語る以上，表1-1の基本的な定義や表1-2の原則は常に意識すべきである。

　＊1　グリーンウォッシングとは，「エコ」や「グリーン」を宣伝文句として使用しているが，環境配慮は表層的なもので，実態はそうではないような企業活動や環境訴求のことをいう。

　一方，1960年代から急速に拡大していったマスツーリズムは，世界中の観光地で環境破壊と地域社会への弊害を引き起こしていた（図1-3）。環境破壊は，主に大規模な観光開発や生態系への配慮を欠いた観光地管理，現地の水や資源の過剰利用，汚染などによるものであり，また地域社会への弊害とは，ホスト国の人々の生活や文化，さらには人権の無視，貧富の差の増大，エコノミックリーケージ[7]などさまざまである。特に途上国の3S観光地[8]における悪影響はも

っとも顕著であった (Turner and Ash, 1975)。そこで，マスツーリズムに対抗する流れとして，80年代初頭から，小さい規模で地域が主体となって実践していく観光，いわゆるオルタナティブツーリズム[9]が誕生していく。オルタナティブツーリズムの名のもと，さまざまな観光形態[10]が実践され，多くの国で地域の環境や地域コミュニティの生活を守る観光として成功事例を生んできた。しかしながら，このような小規模の観光形態は，それぞれの地域で貢献を積んでいけるとしても，毎年何億人という人々が旅行を楽しんでいるような状況（図1-3）において，世界規模で考えると到底マスツーリズムの代替（オルタナティブ）にはなり得るはずはない，ということは明らかであった (Gössling et al., 2009)。

　そのような中，1987年にブルントラントレポートが発表され，「持続可能な開発」の概念が急速に広まると（図1-4），拡大し続ける観光産業においてもこの考え方を用いて，環境保全と経済的発展を図れるのではないか，との考えが生まれてきた。小規模なオルタナティブツーリズムのみならず，たとえマスツーリズムでも「持続可能な」観光を目指していかなければならない，との動きである。先に述べたように，すでにエコツーリズムは1982年に誕生しており，自然保護と経済的発展の両立を目指してきたわけであるが，エコツーリズムは「自然地域」に限定された観光である。サステナブルツーリズムという概念は，エコツーリズムもマスツーリズムも含めて，すべての観光が「持続可能」なものになるべきである，との見解から誕生していく（図1-4）。すなわちサステナブルツーリズム誕生の背景には，1）マスツーリズムが世界各地で引き起こしてきた問題に対する解決策が必要だったことと，2）同時期に"持続可能な開発（sustainable development）"の考え方が生まれてきたこと，があった。

3 地球サミットからグリーンエコノミーへ：観光への期待

　80年代に提唱された「持続可能な開発」の概念であったが，その後も地球規

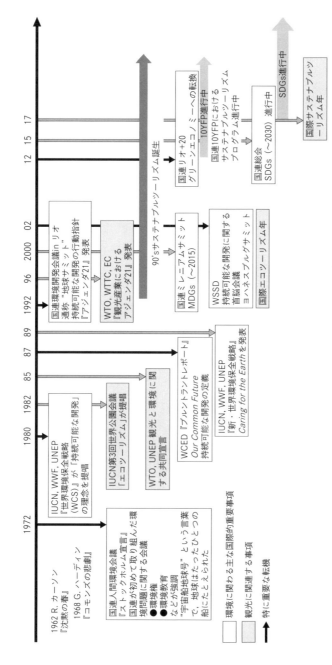

図1-4 環境問題に関連する世界の流れと観光業界の動き

出典：筆者作成

模の環境問題は解決に向かうどころか，悪化の一途をたどった。しかし，これまで世界が努力をしてこなかった訳ではなく，またその努力は現在も続いている。以下に，90年代以降に世界が目指してきた方向性と，その中での観光の位置づけについて，図1-4を参照しながら時系列にみていこう。

■　地球サミット（1992）

　1992年の国連環境開発会議（通称，地球サミット）においては，『環境と開発に関するリオ宣言』と，持続可能な開発を各国，各国際機関で目指すための具体的な行動指針である『アジェンダ21』[11]が採択された（図1-4）。さらに地球環境保全にとって重要な2つの条約，気候変動枠組条約[12]と生物多様性条約[13]への署名が開始され，現在も続く持続可能な道への方向転換が具体的にスタートしたと言える。アジェンダ21には条約のような拘束力はないが，環境問題の解決に向けて取り組むべき行動計画が具体的に示されたという点において，一歩前進したといえるだろう。アジェンダ21を受けて，各国，各国際機関，産業界なども，それぞれの行動計画を立てていくこととなり，地域まで見据えた『ローカルアジェンダ21』という行動計画も多くの国で誕生した。またアジェンダ21では，これまで以上に民間企業が環境保全に重要な役割を果たすことが強調されていた。

　これを受けて，観光業界においても『観光産業におけるアジェンダ21』（WTTC, WTO and Earth Council, 1996）が作成された（図1-4）。そこで掲げられた行動計画の優先分野を表1-4に示すが，このすべては，現在でもサステナブルツーリズムの実践に欠かせない要素である。地球サミットの翌年には，世界で初めてサステナブルツーリズム専門の学術誌である *"The Journal of Sustainable Tourism"*（サステナブルツーリズム学術誌）が創刊され，研究者，専門家を中心に議論が進んでいくこととなる。また，後述するサステナブルツーリズムの認証制度である『グリーン・グローブ』[14]も，同じく1993年に設立された。

表1-3 『観光産業におけるアジェンダ21』における行動計画の優先分野

(i)	廃棄物の最小化,リユースとリサイクル
(ii)	エネルギーの節約と管理
(iii)	淡水資源の管理
(iv)	廃水管理
(v)	危険物質
(vi)	運輸
(vii)	土地利用の計画,管理
(viii)	環境問題へのスタッフ,顧客,地域社会の関与
(ix)	持続可能であるための設計(デザイン)
(x)	持続可能な開発のためのパートナーシップ

出典:WTTC, WTO and Earth Council (1996) を筆者翻訳

■ ミレニアム開発目標(MDGs: Millennium Development Goals)(2000〜2015)

新世紀に入ると,『アジェンダ21』の行動指針を引き継ぎつつ,より具体的な目標が定められるようになった。MDGsは,国連ミレニアムサミット(2000年)において提唱されたもので,8つのゴールと21のターゲットから構成されており[15],国連加盟国と各国際機関は,2015年までにこの達成を目指すことに合意した(図1-4)。MDGsは,世界の貧困削減,途上国の環境改善などに特に力を入れており(表1-4),2015年までにこうした点においては一定の成果を出している。しかし,直接的に環境問題に関わるゴールはひとつしか設定されておらず,環境問題の解決にはあまり進展がみられなかったとの批判もあった。

観光業界でもMDGsへの貢献を目指して,UNEPとUNWTO主導のもと,2007年には『サステナブルツーリズム基準策定のためのパートナーシップ(Global Sustainable Tourism Criteria)』が創設され,32の組織や団体が参加した。これによって,第2章3-1で解説するサステナブルツーリズムの世界基準である『GSTC』が開発されていくこととなる。

表1-4 ミレニアム開発目標（MDGs）の概要

＊2000年〜2015年までに世界が達成するべきとされた8のゴール
ゴール1　極度の貧困と飢餓の撲滅
ゴール2　初等教育の完全普及の達成
ゴール3　ジェンダー平等推進と女性の地位向上
ゴール4　乳幼児死亡率の削減
ゴール5　妊産婦の健康の改善
ゴール6　HIV／エイズ，マラリア，その他の疾病の蔓延の防止
ゴール7　環境の持続可能性確保
ゴール8　開発のためのグローバルなパートナーシップの推進

出典：筆者翻訳

■ 持続可能な開発に関する首脳会議（WSSD: World Summit on Sustainable Development）（2002）

2002年に開催されたWSSDは，通称ヨハネスブルグサミットとも言われる（図1-4）。1992年の地球サミットで採択された『アジェンダ21』について，10年を経た進捗状況を確認し，今後の取り組みを強化するために各国の首脳が一同に会したものだ。この場において発案された『持続可能な消費と生産10年計画枠組み（通称，10YFP）』は，世界を持続可能な社会としていくために，消費と生産のあり方を変えようとするもので，この後専門家を交えて多くの議論が重ねられ，10年後のリオ＋20から始動していくこととなる。

持続可能な消費と生産は，観光産業とも深く関わるため，現在でもサステナブルツーリズムの実践において重要な分野となっているが，これについては次に詳細を述べる。

■ リオ＋20（リオプラストウェンティー）（2012）

2012年に開催された国連持続可能な開発会議（通称，リオ＋20）は，地球サミットから20年後なのでこのように呼ばれる（図1-4）。地球サミットでは，前述のように持続可能な開発の実現のために，さまざまな行動指針が決められたが，それから20年経って世界はどのようになっているのか，進捗を評価することを大きな目的としていた。その結果，各国での努力はみられるものの，や

はり一向に環境問題や先進国，途上国間の格差は解決されていないことが明らかとなった。そこで，従来の経済システムから，低炭素型で資源節約型であり，誰もが取り残されない社会を築くような新たな経済システムの確立が急務であるとされ，「グリーンエコノミー」が提唱された。グリーンエコノミーがどのようなものであるかという詳細は，リオ＋20のための資料として前年までに準備された『グリーンエコノミーを目指して（Towards a green economy）』という報告書（UNEP, 2011）[16]（以下，グリーンエコノミーレポート）にまとめられている。グリーンエコノミーについてUNEPは以下のように定義している。

環境的リスクと生態系の劣化を著しく削減しながら，人々の幸福と社会的公平を実現するような経済システム（UNEP, 2010）

「持続可能な開発」の概念が提唱されてから30年が経ち，さまざまな努力もなされてきたが，もはやこの世界を動かしている経済システムそのものを変えなければ根源的な問題が解決されないということである。このようなグリーンエコノミーの考え方は，環境負荷を削減していくような新たな産業形態には投資が促され，新しい雇用が生まれる，という期待も生み出すこととなった。

　前述のグリーンエコノミーレポートの中では，世界にとって重要な経済システムのひとつとして"観光"が取り上げられ，観光産業による経済発展への貢献とともに，観光が地球環境にもたらす影響が初めて包括的かつ量的に示されている。観光による環境負荷については，図1-3にみるように1980年代から問題視されていたが，国連会議の場において主要産業のひとつとして観光が議論に取り上げられたのは，これが初めてと言ってもよい。すなわち，それだけ観光産業の世界的な拡大は著しく，全球的な影響を考えれば，「持続可能な」産業への転換が急がれる，ということであった。グリーンエコノミーレポートの第2章で取り上げられた観光に関するセクションは，翌年，『グリーンエコノミーにおける観光（Tourism in the Green Economy）』としてまとめられている（UNEP and UNWTO, 2012）。この中で，観光に関与している企業や政府は，

資源利用の効率化（特にエネルギーと水）や，温室効果ガスの排出削減，廃棄物の削減を実現しながら，生物多様性の保全や貧困の撲滅に貢献していくべきであるとされており，特に，ホテルオーナーやツアーオペレーター，交通サービスなどの事業者が，環境保全への貢献と，観光客に「持続可能な選択」をさせる為に重要な役割を果たすと指摘されている。

　グリーンエコノミー実現のためのひとつの柱が，前述のWSSDで発案され，同じくリオ＋20で採択された10YFP（持続可能な消費と生産10年計画枠組み）である。「持続可能な消費と生産への転換」が目的となっているこの世界的枠組みにおいては，その達成のためにテーマごとの"プログラム"が設定されている。それらは「持続可能な公共調達」「消費者情報」**「持続可能な観光・エコツーリズム」**「持続可能なライフスタイル及び教育」「持続可能な建築・建設」「持続可能な食糧システム」となっており，まさに，観光は不可欠な領域のひとつとされている。これを受けて2015年から，UNWTOと，フランス，韓国，モロッコ政府が中心となって「10YFPにおけるサステナブルツーリズムプログラム」（図1-5）が世界で展開されているが，このプログラムの目的は，①観光に関わる政策や戦略枠組みにおいて，"持続可能な消費と生産"を導入する，②観光産業全体として"持続可能な消費と生産"のパフォーマンスを向上させるために，ステークホルダー間の連携を促す，③観光産業のステークホルダーにおいて"持続可能な消費と生産"を主流として，観光からの悪影響を削減するために，ガイドラインや技術的解決方法などを推進する，④持続可能な観光に対する投資や財政支援を強化する，こととなっている。

■　**持続可能な開発目標（SDGs: Sustainable Development Goals）（2016〜2030）**
　SDGsは，2015年までのMDGsを引き継ぐ形で，その年の国連総会によって提唱された（図1-4）。17のゴールと169のターゲットで構成され（表1-5），国連加盟国と各国際機関は，2030年までにこの達成を目指すことに合意した。前述のように，MDGsでは環境問題解決のためのゴールが少なすぎるとの批

10YFP(持続可能な消費と生産10年計画枠組み)における
サステナブルツーリズムプログラム

プログラムが目指していること

10YFPのサステナブルツーリズムプログラムは，生物多様性損失の削減，生態系の保全，文化遺産の保護，貧困の削減，持続可能な暮らしの実現，気候変動への適応，などを実現するために，資源利用の効率化と低炭素型の観光計画を目指して，革新的なプロジェクトや優れた実践のためにステークホルダー間の協力をサポートする。

プログラムの対象領域

1	持続可能な消費と生産のパターン（SCP*）を，観光に関連するすべての枠組みや政策に導入する	・持続可能な開発のためのSCPの原則や目標を政策に導入する ・政策の実践をモニタリングする
2	観光セクターにおけるSCPの実践を向上させるために，ステークホルダーが協力する	・データの共有と情報交換 ・ステークホルダーの協働促進 ・ステークホルダーの能力開発 ・モニタリングの枠組み設定
3	観光によるあらゆる悪影響を改善，回避，削減するためのガイドラインやツール，技術的解決策を促進し，観光に関わるステークホルダーにおいてSCPが主流になるようにする	・観光事業者（企業）および観光地が使える統合的ツールを開発する ・観光産業のバリューチェーン（価値連鎖）構築における優先的課題の調査と実践 ・消費者の選択と行動に影響を与える
4	持続可能な観光のための投資や資金調達を強化する	・持続可能な観光に関わる投資や資金調達ツールの利用を促進する ・持続可能な観光のための投資や資金調達を可能とし，主流になるようにする

＊SCP：Sustainable Consumption and Production（持続可能な消費と生産）

観光開発におけるライフサイクルアプローチ＊

サステナブルツーリズムプログラムでは，観光に関わる開発，投資，運用，管理，販売促進，マーケティング，持続可能な商品とサービスの生産，消費などすべての過程においてライフサイクルアプローチを用い，そのモニタリングと評価を行う

＊ライフサイクルアプローチについては，第4章解説15を参照のこと

図1-5　10YFPによる「持続可能な観光プログラム」概要

出典：UNEP（2016）を筆者翻訳

表1-5　持続可能な開発目標（SDGs）の概要

2016年～2030年までに世界が達成するべき17のゴール
ゴール1　あらゆる場所のあらゆる形態の貧困を終わらせる
ゴール2　飢餓を終わらせ，食料安全保障及び栄養改善を実現し，持続可能な農業を促進する
ゴール3　あらゆる年齢のすべての人々の健康的な生活を確保し，福祉を促進する
ゴール4　すべての人に包摂的かつ公正な質の高い教育を確保し，生涯学習の機会を促進する
ゴール5　ジェンダー平等を達成し，すべての女性及び女児の能力強化を行う
ゴール6　すべての人々の水と衛生の利用可能性と持続可能な管理を確保する
ゴール7　すべての人々の，安価かつ信頼できる持続可能な近代的エネルギーへのアクセスを確保する
ゴール8　包摂的かつ持続可能な経済成長及びすべての人々の完全かつ生産的な雇用と働きがいのある人間らしい雇用（ディーセント・ワーク）を促進する
ゴール9　強靱（レジリエント）なインフラ構築，包摂的かつ持続可能な産業化の促進及びイノベーションの推進を図る
ゴール10　各国内及び各国間の不平等を是正する
ゴール11　包摂的で安全かつ強靱（レジリエント）で持続可能な都市及び人間居住を実現する
ゴール12　持続可能な生産消費形態を確保する
ゴール13　気候変動及びその影響を軽減するための緊急対策を講じる
ゴール14　持続可能な開発のために海洋・海洋資源を保全し，持続可能な形で利用する
ゴール15　陸域生態系の保護，回復，持続可能な利用の推進，持続可能な森林の経営，砂漠化への対処，ならびに土地の劣化の阻止・回復及び生物多様性の損失を阻止する
ゴール16　持続可能な開発のための平和で包摂的な社会を促進し，すべての人々に司法へのアクセスを提供し，あらゆるレベルにおいて効果的で説明責任のある包摂的な制度を構築する
ゴール17　持続可能な開発のための実施手段を強化し，グローバル・パートナーシップを活性化する

出典：外務省（2017）を元に筆者作成

判もあったことから，環境に関連するゴールやターゲットは増えている。また，行政関係者のみならず，より広く社会全般にSDGsの考え方を拡散し，一般市民も含めたさまざまな人々によってこのゴールを目指していくことが強調されており，日本でも，地域活性化の戦略においてSDGsを取り入れる自治体が増え初めた。

　このSDGsの達成においても，観光が果たす役割は強調されている。観光は，直接的，間接的にすべてのゴールに貢献できる可能性を持っており，特に，UNWTO（2015）は，ゴール8（持続可能な経済成長と働きがいのある人間らしい雇用（ディーセントワーク）の促進），12（持続可能な生産消費形態の確保），14（海洋・海洋資源の保全と持続可能な利用）に貢献できるとしている

図1-6　SDGsで特に観光が貢献できるとされるゴール
(図中の○印)

出典：UNWTO (2015) を元に筆者作成

(図1-6)。ゴール8では，ターゲット8.9において「2030年までに，地域の文化や生産性を促進し，仕事を創出するような，**サステナブルツーリズムを推進する政策を実行する**」とされており，ゴール12では，ターゲット12.bにおいて「地域の文化や生産性を促進し，仕事を創出するような，**サステナブルツーリズムのための持続可能な開発をモニタリングするツールを開発し利用する**」とされている。また，ゴール14では，ターゲット14.7において「2030年までに，小島嶼開発途上国[17]と，後発開発途上国[18]において，漁業，養殖業，**観光業の持続可能な管理**を含めた海洋資源の持続可能な利用による経済的利益を増やす」とされている。これらは，直接的にSDGsとそのターゲットの中に「サステナブルツーリズム」が明記されている項目であり，より観光産業の優先順位が高いゴールと言えよう。

本節でみてきたように，現在世界が目指している持続可能な社会への転換において，観光ができるであろう貢献への期待は大きい。一方で，拡大し続けるこの産業が，持続可能な社会の実現に貢献するためには，環境と地域社会への

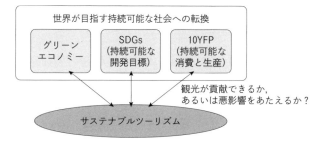

図1-7 持続可能な社会のための転換とサステナブルツーリズムの関係性
出典：筆者作成

負荷を最小限にしたサステナブルツーリズムを推進していくことが求められている（図1-7）。世界が目指しているグリーンエコノミーへの転換に貢献できるか，あるいは悪影響を与えるのか，は観光産業のあり方次第なのだ。

注
1) 『沈黙の春』：1962年出版。当時多用されていた農薬DDTが環境中に残留して生態系に多大な悪影響を及ぼしていることに警鐘を鳴らし，環境と人間とのかかわりにおける問題，すなわち環境問題の告発のさきがけともなった。
2) 『コモンズの悲劇』：1968年に科学雑誌『サイエンス』に掲載された論文。多数の者が利用できる共有資源（コモンズ）は，誰もが自己の利益の最大化を求めて乱獲に走るため，資源の枯渇が引き起こされるという原理を示したもの。
3) World Conservation Strategy（世界保全戦略）の略称。『世界保全戦略』の副題は，「持続可能な開発のための生物資源の保全」である。
4) これは，前年にナイロビで開催されたUNEP管理理事会特別会合で，日本政府が"21世紀における地球環境の理想の模索と，その実現に向けた戦略策定をする特別委員会の設置"を提案したことに端を発する。
5) 後にノルウェーの首相となった。
6) WCSで提唱された理念をもう一度思い起こせば，エコツーリズムが目指すところが良くわかるであろう。
7) エコノミックリーケージとは，観光から得た利益が，ホスト国から海外へ流出してしまうことをいうが，大きく言うと①外資系企業が所有するホテルやツアーで観光客が生んだ利益が，それらの企業の母国へと流出してしまう輸出リーケージと，②観光産業で需要が生まれる食物やあらゆる商品などを輸入でまかなっている場合に，それらの収益は生産国に流出しているという輸入リーケージの2つがある。UNEP

の調べによれば，ある先進国からの観光客が，発展途上国でのツアーで100ドルを使った場合，その途上国には5ドルしか利益が生まれていない場合があるという。

8) 3S観光とは，Sea-Sand-Sun（海，砂浜，太陽）のことを指し，これらがすべて揃ったようなビーチツーリズムなどがそれにあたる。

9) "オルタナティブ"（alternative）とは，何かにとって代わるもの，という意味であるが，この場合は，マスツーリズムの代替手段ということ。すなわち，オルタナティブツーリズムとは，「マスツーリズムに代わる観光」という意味である。

10) オルタナティブツーリズムは，多くが小規模な観光であり，発展途上国におけるコミュニティを主体としたエコツーリズム，バックパック旅行，ホームステイ，エスニックツーリズム，教育的ツアー，農村滞在，ボランティアツーリズム，宗教・文化観光，などさまざまな形態がある。観光が倫理的配慮，環境的配慮などを内包して行われることを目指していた。

11) アジェンダ21は，(1)社会的・経済的側面，(2)開発資源の保護と管理，(3)主たるグループの役割の強化，(4)実施手段，の4つのセクションから構成され，現在の持続不可能な経済成長モデルから，環境保全に基づく持続可能な経済活動への移行を推進するものである。行動領域には大気の保護，森林破壊や土砂流失および砂漠化の阻止，大気・水質汚染の防止，漁業資源枯渇の防止，有害物質の安全管理の促進などが含まれていた。

12) 正式名称を，「気候変動に関する国際連合枠組条約」といい，地球温暖化問題に対処するための国際的な枠組みを設定した環境条約。主な目的は，大気中の温室効果ガス（特にCO_2）の濃度を安定させ，現在および将来の気候を保護することである。

13) 全球的で進む生態系の破壊と野生生物の絶滅を食い止めるために，①生物の多様性の保全，②生物多様性の構成要素の持続可能な利用，③遺伝資源の利用から生ずる利益の公正で衡平な配分，を主な目的として設定された環境条約である。

14) グリーン・グローブについては，第2章3-2参照。

15) ターゲットとは，それぞれのゴールの達成基準。

16) UNEP（2011）は，グリーンエコノミーの実現について以下のように解説している。「グリーンエコノミーへの転換の目的は，環境の質と社会的参加を高めながら経済成長や投資を可能にしていくことである。このような目的を達成するために重要なことは，より広い環境，社会的基準を取り込む形で，公共および民間投資が行われるような状況を作り出すことである。さらに，GDPのような主要な経済指標が，環境汚染，資源の枯渇，生態系サービスの低下，自然の損失による貧困層への影響といった事柄を内包するように修正することが必要である。」ここでいう社会的参加とは，原文ではsocial inclusivenessで，すべての人々が阻害されることなく社会に参加（包括）できるようにするということを指す。

17) 原文では，Small island developing states（通称，SIDs）。

18) 原文では，Least developed country（通称，LDCs）。

SUSTAINABLE TOURISM

第2章 サステナブルツーリズムの概要

何を学ぶか❓

　前章では,「持続可能な開発」という概念の発祥と, 今も世界で続けられているそのための努力についてみてきた。これらを知った読者は, すでにサステナブルツーリズムに求められていることが理解できたであろう。本章では, サステナブルツーリズムの定義や原則, 基準などを学び,「サステナブルツーリズムとはなにか」をより具体的に知る。

1 サステナブルツーリズムの定義と原則

「サステナブルツーリズム」という概念が指すものが，あまりに広範囲で複雑であることから，それらを要約し定義することは要領を得ない（Carter et al., 2015），との見解もある。しかし一方で，広く柔軟性のある概念だからこそ，香港のような大都市観光，ゴールドコーストのようなビーチツーリズム，あるいは脆弱な原生自然の中でのエコツーリズムなど，さまざまな文脈に応じて適用が可能である（Hunter, 1997）。日本でも，まだこの概念の正確な定義がなされているとは言い難いが，もっとも早い時期からサステナブルツーリズムを日本に紹介した島川（2002）は，特にその理論的背景の発展過程を元にサステナブルツーリズムを解説しており，当時の観光学における最新議論がわかる。また田原（1999）はオルタナティブツーリズム誕生の経緯から"持続可能な観光"を論じて必要な施策を紹介しており，宮本（2009）は，「少人数，着地型，体験型，等の特徴を持つことだけで"持続可能な観光"であるかのように用いられている現状に危惧を感じる」（p11）としており，本書も同様の見解である。少なくとも，日本における「持続可能な観光」の理解が，本来「サステナブルツーリズム」が意味していることから考えると十分ではないことは，これらの研究からも知ることができる。

　包括的かつ明確にサステナブルツーリズムを定義することが難しいのは事実であるが，その概念が正しい理解なしにひとり歩きしていくことは，本来の価値を失うことにもなりかねない。実際に世界中で流行り言葉のように多用されているが，その都度，書き手や語り手が自分の話に都合のいいようにサステナブルツーリズムを定義づけてきたため（Hughes, 1995），あまりにも安易な解釈で使っている場合も少なくないのが事実である。そこで，今一度この概念を整理してみることは意義があろう。すでに正しい理解を持っている方々にとっては，いまさら，というような話もあろうが，初めてこの概念に触れる読者を前

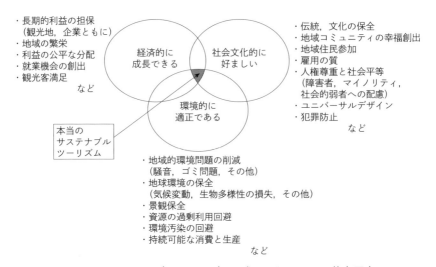

図2-1　サステナブルツーリズムに求められる3つの基本要素
出典：筆者作成

提とし，いくつかの要点についてみていく。

　まず，サステナブルツーリズムの理解においてもっとも重要な点をシンプルに言えば，図2-1のように経済的側面，社会文化的側面，環境的側面を内包している，ということだ。すなわち，環境保全をしながら，観光地の社会や文化に悪影響を及ぼさずに，経済的利益をもたらす，ということを同時にやっていく必要がある。これは，すでに第1章で学んだように，持続可能な開発の概念に「環境問題と，途上国の貧困や弱者の社会的問題を同時に解決しなければ，持続可能な経済発展はない」という考え方が含まれていること，また，マスツーリズムが世界各地で引き起こしてきた環境・社会的弊害があったことからも理解できるだろう。図2-1の3要素は，企業経営においてもトリプルボトムライン[1]としてよく知られるものである。

　しかし，既往のサステナブルツーリズムの議論の多くが，これらのうちいずれかひとつに，よりフォーカスしたものとなっており，ケースバイケースでサステナブルツーリズムとはこういうものだ，という解釈がなされていることが

多い。たとえば社会的側面にフォーカスした場合は，人権や地域コミュニティに関わる問題を中心にサステナブルツーリズムが紹介されることが多く，産業界や地域活性化に目を向ければ，経済的持続可能性に重点が置かれる。あるいは環境的側面にフォーカスした研究者や政策決定者は，観光地管理や環境マネジメントの施策などに重点をおいてサステナブルツーリズムを語るであろう。経済，環境，社会という3要素が，あるひとつのサステナブルツーリズムの中で公平に扱われることはほとんど期待できない，との批判（McCool, 2016）もあるが，こうした個別の議論そのものは，それぞれは間違ったものではないし，より専門的に施策を考える上では重要である。たとえば地球環境の持続可能性を主たるテーマとした本書も，サステナブルツーリズムの"実践"においては「環境的側面」を中心に解説している。経済，社会，環境という側面が専門的にも異なる分野であり，行政でもそれぞれ違う管轄になりうることから，サステナブルツーリズムがある側面だけを強調して論じられることが多いのはいたしかたない。ただし，サステナブルツーリズムを正しく理解しようとする際には，以下の点を留意している必要がある。

- そうした議論が，ある一部分だけを切り取ったものであることを知り，その一部分だけでサステナブルツーリズムだと誤解しないこと
- 本来は，図2-1の3要素のどれも欠かせないこと，またこれらを同時に進行していかなければサステナブルツーリズムにはならないこと

図2-1の3つの要素を考えた時に，概して「観光」は経済活動であることから，観光業の拡大はほぼ自動的，直接的に経済成長に貢献するが，社会的側面，環境的側面は，相応の努力と施策がなければ実現できないとされる（Wood, 2017）。歴史的にみれば，観光が人の暮らしと深く関わる産業であることや，先進国の人々が発展途上国を観光地として訪れることが多いことから，人権や文化への負荷に関わる社会的側面は長いこと議論され，改善の努力が成されてきたし，同様に，地域社会における文化や伝統の保全，地域コミュニテ

ィの参画といった点も，現代の観光に欠かせない要素として実践が進んでいる。また，ホテル業界を中心として，事業者による環境負荷削減のためのさまざまな施策も行われてきた。しかし，観光産業全体として考えた場合には，やはり環境的側面は遅れをとっていると言っても良い。遅れをとっている，というのはそのための施策が無い，ということではなく，すでに多くの方法が存在しているが，取り入れることが後回しにされてきた，ということである。この背景には，従来，観光が他の重工業などと比べると比較的"グリーンな産業"と位置づけられてきたこと，また同時に，観光産業そのものが，さまざまな事業の集合体であることから，そこに従事する事業主体によっても環境負荷に対する認識の差がある，ということがあろう。さらに観光の特性として，"非日常的な消費活動を謳歌する"といったことがあるため，環境負荷への対策は最優先とはならない傾向もある。このような実態から，「持続可能な観光」を謳っている政策や産業界の宣伝資料にも，環境的施策には一切ふれられていない，ことも少なくない。

　しかし実は，第1章を振り返れば，「持続可能な開発」の考え方はもともと"生態系（自然環境）を最優先で保全し，その収容力の範囲内で経済発展と公平な資源配分をしていかなければ，持続可能にはならない"というものであった。サステナブルツーリズムが，こうした「持続可能な開発」の概念から誕生してきたことを考えれば，基本に立ち返ってもっともシンプルな定義が可能だとして，Carter et al.（2015）は，下記を示している。

サステナブルツーリズムとは，持続可能な開発（sustainable development）の原則に従った観光である。

さらに，持続可能な開発の定義として世界の共通認識であるブルントラントレポート（第1章1参照）の定義を用いて，

将来世代のニーズを損なうことなく現在世代のニーズを満たすような観光である。

とも説明している。

　同様に，下記に記した最も早い段階（1988年）でのUNWTOによる定義も，その当時誕生した「持続可能な開発」の概念を良く反映している。

　文化的完全性，（地球に）不可欠な生態学的作用，生物多様性，生命維持システムを持続可能なものとしながら，経済的，社会的，審美的ニーズを満たす方法で，すべての資源を管理しているような観光。

筆者自身はこの定義が一番的を得ていると感じるが，ここではやはり，"すべての資源を管理する"ことが大前提となっている。

　その後UNWTOは，より具体的に3つの項目に焦点をあてて，以下のように解説している（UNEP and UNWTO, 2005）。

　サステナブルツーリズムは，
　1）最も重要な生態学的プロセスを維持し，生物多様性と自然遺産を保全しながら，観光開発にとって重要な要素である環境資源を最適な方法で利用しなければならない
　2）ホストコミュニティの社会文化的な本質に敬意を払い，彼らの有形，無形文化財と伝統的価値を保全し，異文化間の理解と寛容醸成に貢献しなければならない
　3）安定した雇用や収入機会の創出，ホストコミュニティへの社会福祉といった社会経済的な利益がすべてのステークホルダーに公平にもたらされ，貧困削減にも貢献することで，長期的に発展可能な経済活動を確保しなければならない

上記のように，観光における持続可能性では，特に「文化」の保全ということも重視されているが，これは先述したマスツーリズムが地域社会の文化に与え

表2-1　サステナブルツーリズムの原則12ヵ条

■経済の存続：長期的利益を生み出せるように，観光地と企業の存続性と競争力を確保する
■地域の繁栄：観光による経済的利益を，受け入れ地域とその地域で過ごす観光客に最大限還元する
■雇用の質：性別や人種，障害などによって差別をせず，地域における雇用の数と賃金を含む質を上げる
■社会の平等：観光から得る経済的，社会的利益をコミュニティに平等に分配し，特に貧困者の収入やサービスを改善する
■観光客の満足：性別や人種，障害などによって差別をせず，観光客に対して，安全で満足のできる経験を提供する
■地域の管理：さまざまなステークホルダーの意見を取り入れながら，観光計画と受け入れ地域の管理に関する意思決定の場に当該地域コミュニティに参加してもらう
■コミュニティの福祉：地域コミュニティに対する社会的悪影響や搾取を避け，彼らの生活の質を維持強化する
■文化の繁栄：受け入れ側のコミュニティの，歴史的遺産，本来の文化，伝統，独自性などに敬意を払う
■自然界の完全性：都市および田舎いずれにおいても景観の質を保持し，環境の物理的，視覚的劣化を避ける
■生物多様性：自然環境，生息地，野生生物の保全を支援し，それらへの悪影響を最小限にする
■資源の効率：観光施設とサービスの開発と運営において，希少また再生不可能な資源についてはその使用を最小限にする
■環境汚染の回避：観光客および観光業者による空気，水，土地の汚染と廃棄物の生成を最小限にする

出典：UNEP and UNWTO（2005）を筆者翻訳

てきた悪影響の排除を目指していること，また，文化や伝統そのものが重要な観光資源であることからも当然であろう。さらに，3つの要素をくまなく網羅するために，より詳細な12の原則が示された（表2-1）。

なお，最新のUNWTOによるサステナブルツーリズムの定義（UNWTO, 2017a）は，以下のようになっており，経済，社会，環境面が明記された上で，すべてのステークホルダーが関係するということが強調されている。

旅行者，観光関連産業，自然環境，地域社会の需要を満たしつつ，現在および将来もたらす経済面・社会面・環境面の影響も十分考慮に入れた観光

ただし，この定義だけでは，具体的なイメージがつきにくいと思われるため，表2-1にあるような原則を参照すると，更にサステナブルツーリズムの目指

すものがわかりやすいだろう。

2 サステナブルツーリズムの適用範囲

1 サステナブルツーリズムと他の観光の位置づけ

　次に，しばしば議論となるのが，サステナブルツーリズムは，ひとつの観光の型なのか，それとも一般的な方法論なのか，ということである。サステナブルツーリズムは，ネイチャーツーリズム，マスツーリズムといったさまざまな観光の型のひとつで，とりわけ環境に配慮した特別な形態の観光を指すものなのだろうか？　あるいは，いかなる観光にも適用することができる一般的な方法論なのであろうか？　前者と後者の解釈の違いによって観光産業の未来が左右されるほど，これは重要な問題である。産業界では，サステナブルツーリズムはある特別な形態の観光のひとつと捉え，エコツーリズムと似たもの，また小規模な地域に特有のもので，一般的な観光業，特にマスツーリズムには直接関係がない，と考えている人もまだ少なくない。しかし，第1章で解説した「持続可能な開発」の概念を考えれば，サステナブルツーリズムが目指しているのは，マスツーリズムを含めすべての観光形態に適用していくべき方法論であることは明らかだ。図2-2は，この関係性をよく表している。この図の中で，特に自然環境を観光資源としているのが，あらゆる自然地域観光，ワイルドライフツーリズム，ネイチャーベースドツーリズム，であり，そのうちエコツーリズムの原則（解説1　表1-2）を満たしているもののみがエコツーリズムの円の中に入る。さらにそれ以外の観光（都市観光，文化的観光，施設型観光，その他）が広くツーリズム，として記されているが，サステナブルツーリズムはこれらすべての観光形態に適用される方法論である。図2-2で，種類の違う観光形態に広く適用されているのがエコツーリズムとサステナブルツーリズムであるが，つまり，この2つはともに観光の種類というより「観光の方法論」であり，その違いは，エコツーリズムが自然地域で行う観光のみに適用される，

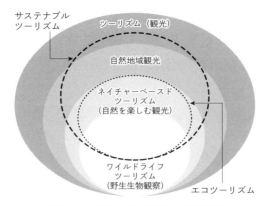

**図 2-2　サステナブルツーリズムと
他のツーリズムとの関係性**

出典：Carter et al. (2015) を筆者翻訳

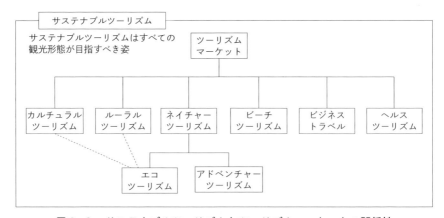

図 2-3　サステナブルツーリズムとツーリズムマーケットの関係性

出典：UNEP and TIES (2002) に筆者加筆

ということである。先に，この図においてエコツーリズムの原則を満たしたもののみが"エコツーリズム"と示される，と述べたが，同様に，すべての観光形態においてサステナブルツーリズムの原則（表2-1）を満たしたものが"サステナブルツーリズム"と認められるものとなる。将来的には，サステナブルツーリズムの範囲が拡大していき，すべての観光形態がこの円の中に入ること

が望ましい。この説明を補完するために図2-3を示すが，これは観光マーケットに存在するさまざまな種類の観光が，すべてサステナブルツーリズムの適用対象であることを表している。

2 観光形態によるサステナブルツーリズムの優先施策

　以上にみてきたように，サステナブルツーリズムはすべての観光形態に適用されていくべきものである。しかし，それぞれの観光形態によって実施していくべき優先順位は変わってくるだろう。というのも，観光形態によって持続可能性の障害となる要因が変わってくるからである。たとえば，大型都市観光などのマスツーリズムでは，何よりも過剰消費や汚染といった環境負荷が最も大きな問題である。一方で小規模な農村観光などでは環境負荷はそこまで膨大ではなく，むしろ地域そのものの持続可能性が課題である。本章1の図2-1でみたように，いずれの観光形態でも環境，社会，経済の三要素は考慮しなければならないが，その優先度に強弱があり，結果的にサステナブルツーリズムの実践に関わる施策も変わってくるということだ。表2-2には，観光の種類によってサステナブルツーリズムが対処すべき課題と，そのための優先施策を示したが，このように，ひとことでサステナブルツーリズム，といってもさまざまな文脈があるということも理解しておこう。

3 サステナブルツーリズム実現を補完するツール

1 サステナブルツーリズムの基準と指標

　「どのような観光がサステナブルツーリズムと呼べるのか？」を具体的にすべてのステークホルダーの共通認識にするには，サステナブルツーリズムの3要素である環境，社会，経済に関連する基準の明確化が有効であろう。こうした基準は，「まず何から始めよう？」といった時にも非常に参考になる。本節では，世界共通の基準と，それらを評価するための指標として認知されている

表2-2 観光の種類によるサステナブルツーリズムの優先的施策

観光の種類	観光の規模（小〜大）	サステナブルツーリズムが対処すべき課題（例）＊ここに挙げているのは、課題の全てではなく代表的な例	サステナブルツーリズムの優先的施策（例）＊ここに挙げているのは、優先施策の全てではなく代表的な例
都市観光（大都市、歴史的都市）	カルチュラルツーリズム（ほとんどがマスツーリズムであるが、着地型観光によるカルチュラルツーリズムなどもある）〜マスツーリズム	オーバーツーリズム（過剰観光）、過剰消費、過剰廃棄、騒音、犯罪増加、差別、不平等	環境負荷削減（低炭素、循環型施策、汚染防止、生物多様性保全、地産地消など）、持続可能な消費と生産、社会的弱者への配慮、観光環境容量
自然地域観光・自然景観観光	エコツーリズム、スローツーリズム、ネイチャーツーリズム、ビーチ・マウンテン・リゾートツーリズム、自然を味わうビーチや山などのリゾートツーリズムであるが、多くはマスツーリズムである。着地型のエコツーリズムもある〜マスツーリズム	オーバーツーリズム（過剰観光）、過剰消費、過剰廃棄、汚染、公害、景観破壊、生態系の劣化、騒音、犯罪増加、差別、不平等	環境負荷削減（低炭素、循環型施策、汚染防止、生物多様性保全、地産地消など）、持続可能な消費と生産、社会的弱者への配慮、観光環境容量、許容限界（LAC）、地域コミュニティの参加と利益
自然保護区・自然公園・自然遺産観光	エコツーリズム、本来はエコツーリズムのみが理想とされているが、多くがマスツーリズム化している〜マスツーリズム	自然環境、自然資源のオーバーユース（過剰利用）、生態系の劣化、希少種の破壊、汚染、騒音・振動、地域住民の締め出し	観光客管理（規制含む）、許容限界（LAC）、インタープリテーション＊、（低炭素、循環型施策、汚染防止、生物多様性保全、地産地消など）、地域コミュニティの参加と利益
文化的保護区・文化遺産観光	カルチュラルツーリズム、エスニックツーリズム、エコツーリズム、本来は規模の小さい観光が理想とされているが、多くがマスツーリズム化している〜マスツーリズム	文化遺産、自然環境のオーバーユース（過剰利用）、文化遺産の劣化、汚染、騒音、犯罪増加、地域住民の締め出し、地域文化の破壊	観光客管理（規制含む）、文化遺産の保護、文化遺産、地域コミュニティの参加と利益、環境負荷削減（低炭素、循環型施策、汚染防止、生物多様性保全、地産地消など）、インタープリテーション
農漁村観光・田園地域観光	ルーラルツーリズム、グリーンツーリズム、スローツーリズム、エコツーリズム、第一次産業ツーリズム、地域を主体として実施する規模の小さい着地型観光が主流	農漁村の過疎化、第一次産業の衰退、後継者不足、伝統・文化の消失、地域資源の劣化、二次的自然の劣化	農漁村の経済発展、地域コミュニティの活性化、第一次産業の活性化、地産地消、伝統・文化の保全と振興、有機的農漁業（自然共生型）

＊インタープリテーションとは、専門的ガイドのことで、観光客に地域の自然や文化などについて解説することをいう。そこには、守るべきルールの説明も含む。

注：環境負荷削減の施策については第4章参照。観光環境容量および許容限界（LAC）については本章3-3参照のこと。

出典：筆者作成

ものを紹介する。

① グローバル・サステナブルツーリズム協議会国際基準 GSTC（Global Sustainable Tourism Criteria）

現在では，世界共通の基準として策定された『持続可能な観光の国際基準 GSTC（Global Sustainable Tourism Criteria）[4]』が良い指針となる。たとえば，GSTC に使われている項目をみただけでも，サステナブルツーリズムの実現において「どういうところに目を配る必要があるのか，何に留意しなければいけないのか」ということが具体的にわかる。GSTC は，実施の方法や到達すべき目標ではなく，持続可能な観光として「何を行うべきか」を示しており，①持続可能性の高い計画の実施，②地域住民の社会的・経済的な恩恵を最大限にすること，③文化遺産の活性化，④環境負荷削減の4つのテーマを元に策定され，産業界向けと観光地向けのものがある。産業界向けである『宿泊施設とツアーオペレーター向けの基準』には，A. 効果的で持続可能な経営管理の明示，B. 地域コミュニティの社会的・経済的な利益の最大化と悪影響の最小化，C. 文化遺産への魅力の最大化と悪影響の最小化，D. 環境メリットの最大化と環境負荷の最小化という項目があり，『観光地向けの基準』には A. 持続可能な観光地管理，B. 地域社会における経済利益の最大化，悪影響の最小化，C. コミュニティ，旅行者，文化資源に対する利益の最大化，悪影響の最小化，D. 環境に対する利益の最大化，悪影響の最小化，という項目があり，それぞれの項目にいくつもの細かい基準と指標が設けられている（巻末資料参照）。指標があることは，基準を満たしているかどうかを評価し，継続的にモニタリングしていく上で非常に役立つであろう。これらの指標はすべてをそのまま利用する必要はないとされ，基準を導入する主体が，それぞれの実情に合った独自の指標を開発するための参考となる例である。

この GSTC をもとに，各国，各地域で，サステナブルツーリズムのガイドラインを作成したり，対象となる観光の持続可能性を測定する指標を定めたり

することができるし，また実際に導入している地域もある。最近では，岩手県釜石市が，日本で初めてとなる GSTC 導入を推進している。釜石市では，震災復興後の地域に何が一番重要なのかを住民参加で十分に検討した上で，"釜石の持続可能な将来のために，釜石に必要なサステナブルツーリズムは何か"，を熟考しながら GSTC の導入を進めている。このように GSTC は，地域の状況に合わせて柔軟に導入していくことが可能であり，「正当な理由がある特別な場合を除き，すべての基準を適用することが望ましいが，例外的にその地域独自の規制や社会的・文化的・経済的な事情によって本基準を観光商品に適用できないこともある。また，地域住民による小規模な観光事業は社会的・経済的・環境的な影響も少なく，特別な事情のもと，すべての基準を適用できないこともありえる」とされている（GSTC, 2013）。釜石市のように，もともと環境負荷の少ない形で地域が持続してきたような地域では，その地にあった GSTC の利用の仕方があるだろう。たとえば，GSTC の適用の仕方として，以下のようなものがあげられている。

GSTC の適用例
- 規模の大小にかかわらずすべての観光関連事業者が，持続可能性を高めるための基本方針となる。同じく，世界基準を満たす持続可能な観光プログラムを選択する一助となる
- 旅行会社や代理店が，持続可能なプログラムやその実施事業者を選択するための指針となる
- 消費者が，健全なサステナブルツーリズムのプログラムや事業者を識別しやすくなる
- 各種メディアが，サステナブルツーリズム事業者を認識する基準となる
- 個別の認定制度や独自のプログラムが，世間に広く受け入れられる基準値を満たしていることを証明する一助となる
- 国，NGO，民間機関が，サステナブルツーリズムを導入する出発点となる

・ホテルスクールや大学などにおいて，教育や訓練のための基本ガイドラインとなる

(GSTC, 2013)

　本書の巻末に，GSTC のすべての基準と指標を掲載しているので参照されたい。

② UNWTO による指標

　サステナブルツーリズムを計画，実践，評価するすべての段階において，指標は非常に有効なツールとなるが，それは，やるべきことが明確になり，かつ実現できているかどうか，成果はどうか，などを検証することができるからだ。前述の GSTC 以外にも，さまざまな組織，国で，サステナブルツーリズムの関する指標を開発しているが，ここでは UNWTO による指標を紹介しよう。UNWTO は，1990年代，つまりサステナブルツーリズムの概念が誕生した頃からこうした指標の開発を続けてきたが，そのうちのいくつか代表例を表2-3にしめした。これらは，さまざまな観光地，観光事業者，行政がそのまま用いたり，あるいはこれを参考にしてその地域にあったものを設定したりできる。ケーススタディ1で紹介したサモアのような事例は，その国と地域の状況に合わせた指標の良い例である。この事例で重要なのは，ホストとなる地域住民の意見を詳細に聞いた上で指標を開発していることだ。

表2-3　UNWTO によるサステナブルツーリズム評価のための指標例

指標例	測定する内容
観光地の保護	IUCN による保護区域カテゴリーに基づく保護状況
観光地へのストレス	訪問客数（年間，最盛期など）
過密度，集中度	ピーク時の利用過密度（面積に対する人数など）
社会的影響	地域人口に対する観光客数（最盛期と長期）
開発管理	対象エリアの開発や利用頻度などについて，環境的視点からの評価や管理方法があるか
廃水管理	対象エリアから出される廃水のうち，処理をしてあるもののパーセンテージ
廃棄物管理	リサイクルした廃棄物の割合
エネルギー消費	1人あたりのエネルギー消費量（観光客，従業員など）
再生可能エネルギー	全体のエネルギー消費のうち再生可能エネルギーの割合
水の利用	観光客1人1日の水の総使用量
水の節約	水使用の削減，あるいは再利用の割合
計画プロセス	対象エリアに，観光地としてのよく練られた地域計画があるか
生態系	希少種，あるいは絶滅危惧種の数
観光客満足度	訪問者の満足度（アンケート結果をもとに）
地域社会満足度	地域の人々の満足度（アンケート結果をもとに）
地域経済への貢献度	観光のみから生まれた経済活動の割合

出典：UNWTO（1996；2004）を元に筆者作成

ケーススタディ 1

サモアにおけるサステナブルツーリズム指標

　南太平洋の小さな島国であるサモアは，自国とその地域に見合ったサステナブルツーリズム指標を，村民へのアンケートやインタビュー，さまざまな二次的資料などをもとに開発した。地域の状況にふさわしい指標を設定するには，このような地域住民からの情報，意見収集は欠かせない。

　最初に270にものぼる候補指標を設定し，そのうち実際に測定可能なもの，使いやすいものなどを選出して57に絞り，さらに検討を重ねて最終的に20の指標を完成させた。以下はその一部である。

環境的指標（例）
・観光地となっている村の，土地保全活動や海洋保全活動への参加度合い
・観光客のマリンツーリズム，ネイチャーツーリズムへの参加度合い
・廃水処理やコンポスト作りを行っているホテルの数
・ホテルにおける1日あたりの観光客の水利用量
・観光地における水の質

20の指標を使って2000年に実施された調査によると
✓11指標について良くない結果（たとえば廃水処理，ツアーオペレーターの持続可能な施策，水の質，環境影響評価など）
✓8指標について許容できる結果（たとえばコンポスト作り，ホテルの水利用量，社会的便益など）
✓1指標について良い結果（村の行動規範）
となっていた。

このように，地域住民が参加して指標を開発していくプロセスは，オーストラリアのカンガルー島で初めて導入され成功しており，サモアもそのモデルに習ったものである。

出典：Zeppel（2015）を元に筆者作成

2 認証制度

"サステナブル"とは名ばかりのサステナブルツーリズムとならないように，第三者にチェックと評価をしてもらうことも有効な手段である。それを具現化したものが，「サステナブルツーリズム認証」といった認証制度である。認証制度の利点は，1）認証を受けた企業や地域コミュニティがコンペティターと差別化できる，2）利用者（観光客）が偽のサステナブルツアーと区別できる，3）政府が国の政策として推奨することで業界全体の基準が作れる，4）適正な認証制度の取得が広まることで一般的な水準が高められる，などがある。ヨ

ーロッパにおける観光業の環境認証制度は歴史が古く，もっとも早いものは，1987年にデンマークで始まった「ブルーフラッグ」という汚染の少ないビーチやマリーナに与えられる認証であった。ブルーフラッグ認証は，現在では世界に広まっており，2700以上の団体がこの認証を得ている。ただし，現在世界では，50以上の観光と環境，エコツーリズム，サステナブルツーリズムに関わる認証があるとされているが，それらすべてを比較・検証した研究も無いことから，基準や審査のレベルにばらつきがあることが問題になっている。このような中，サステナブルツーリズムの国際認証として，包括的に重要な要素を網羅しているのは，「グリーン・グローブ（Green Globe）」認証と「GSTC」認証の2つに代表され，この2つは，いずれも前述のGSTC基準を用いて審査内容を設定している。また，近年，ヨーロッパの観光事業者を中心として運営されている「トラベライフ（Travelife）」認証でもほぼ同水準の基準を用いており，この認証ではこれまで関与の少なかったツアーオペレーターも多く参加していることで注目が集まっている。前述のように世界中でさまざまな認証制度がありすぎる状況について，サステナブルツーリズム認証の先駆者ともいえるグリーン・グローブは，「基準や指標の設定が甘いものがあれば問題だが，グリーン・グローブが用いているのと同じような世界基準の質を保っているのであれば，地域の状況や言語に合わせて独自の認証制度を作ることは理にかなっている」，との見解を述べている（Hotel Year Book, 2018）。世界中のさまざまな地域で，同じ基準を持った認証が広まっていくことは，観光産業全体が持続可能なビジネスになっていくので，好ましいということだろう。

　このような認証を得れば，誰の目にもサステナブルツーリズムとしての信頼性が明らかとなりそのメリットは大きいが，そのプロセスのために認証機関に支払う費用などのコストがかかる為，それは課題のひとつであり，中小事業者には積極的に取り入れる障害になっている。コストをかけた分，取得後に利益があがらなければ意味がないので，長期的なマーケティングの計画を事前に立てておくことも重要である。また，たとえもし後述のような代表的な認証のい

ずれかを取ったとしても，日本においては消費者の認知度がまだまだ低いと思われる。認証制度を活性化し，その意義を最大限に活かすためには，日本におけるこうした制度の認知度向上も合わせて必要である。

① グリーン・グローブ認証（Green Globe）

この認証は，前述の『GSTCの世界基準』（第2章3-1参照）や『旅行業界のアジェンダ21』（第1章3参照）の原則を元に，44の基準と380を超える指標によって評価を行っており，1年に2回審査が実施されていることから，信頼性が高い。また，1993年の設立で，すでに25年の歴史があることも安心できる。44の基準の内訳は，図2-4の通りとなっており，環境に関する基準が圧倒的に多数を占めている。対象は，ホテル，旅行会社，レストラン，ワイナリー，ゴルフ場など多岐にわたる。たとえばホテルなどの宿泊業に対しては，①環境への取り組み姿勢，②エネルギー消費量，③水消費量，④廃棄物量，⑤社会的責任，⑥資源（紙資源）保護，⑦化学洗剤の使用，⑧化学肥料の使用など

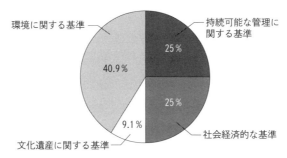

図2-4　グリーン・グローブ基準の分野別内訳
出典：Green Globe（2016）

が評価基準のカテゴリーとなっている。2017年度には，ドイツのモーヴェンピックホテルグループが，グリーン・グローブに"世界でもっとも持続可能なホテルグループ"として認められている。

＊詳細は，Green Globe（http://greenglobe.com）を参照。

② GSTC認証

既存の60近い認証制度で用いられている4,500もの評価基準の検証を2007年から重ねて設定された，サステナブルツーリズムの世界基準GSTC[5]による認証制度である。GSTC認証は，ホテル，ツアーオペレーター，観光地向けにあり，グローバル・サステナブルツーリズム協議会（Global Sustainable Tourism Council）によって指定された第三者が評価，認定を行う。GSTC認証においては，「すべきこと」ではなく「してはいけないこと」を基準として評価している。

＊詳細は，GSTC certification（https://www.gstcouncil.org）を参照。

③ トラベライフ認証（Travelife）

2007年から始動したトラベライフは，「ホテルと宿泊業向けの認証」と，「ツアーオペレーター向けの認証」があり，旅行業界のために旅行業界によって設計された持続可能性に関する認証制度である。近年，イギリスおよびEUの主要なツアーオペレーターは，取引をするホテルすべてが，この認証を取るようになることを推進している。宿泊業向けの認証では，対象事業者の持続可能性のレベルによって，ゴールド認証，シルバー認証，ブロンズ認証があるが，たとえばゴールド認証においては，環境配慮，労働条件，地域社会の参加，宿泊客の関与などについて163に及ぶ基準を満たしているかどうかを，2年に一度第三者が精査して決められる。現在，55カ国にわたる1500の宿泊業者が会員となっており，そのうち800あまりがゴールド認証を得ている。また，ツアーオペレーター向けの認証では，取り扱う旅行商品，自身のビジネスの環境影響評

図2-5　トラベライフのウェブサイト

出典：Travelife（2017）

価,持続可能なサプライヤー支援,などビジネスプロセスに一貫して持続可能性が担保されているか,が評価基準となっている。

3 観光環境容量（Tourism Carrying Capacity）

　サステナブルツーリズムの実現を補完する最も重要な施策のひとつは,観光環境容量をモニタリングすることである。観光地において観光客が多くなりすぎると,ゴミが増え,水の利用が過剰となる,大気汚染が発生する,地域社会への悪影響が大きくなりすぎる,ホテルの部屋が足りない,交通機関が足りない,など,多くの問題が発生することは明白である。そのため,観光地における環境容量（Carryig Capacity）[6]の考え方は1970年代から誕生しており,観光の

議論の中でも頻繁にこの言葉は登場するが，実際に計測したり導入したりすることは言うほど簡単ではない。専門家の間でもまだ詳細な手法等については議論や検証が続いているが，ここではこうした環境容量を留意する必要があることを知るために，代表的な「考え方」を紹介しよう。

そもそも，いかなる資源利用や経済活動も，地球上にいる限りは，自然がもともともっている浄化力，再生力，生産力を超えない範囲で利用しなければならない。このような利用の仕方は「持続可能な利用」と言えるが，逆にこの自然の許容範囲を超えて利用することを「過剰利用（オーバーユース）」と言う。観光では，多くのケースにおいてオーバーユースが発生するため，観光地に弊害が起きたり，また環境への負荷が大きくなったりしている。環境容量という言葉は，もともと生態学の専門用語であり，野生生物管理や土地利用，森林管理などの分野では多く用いられていた。その用語が観光にも導入されたわけであるが，本来の環境容量という意味とは区別するために，"観光環境容量（Tourism Carrying Capacity）"（以下，TCC）と言ったほうがよいだろう。UNWTO は，TCC について「ある観光地において，自然環境，経済，社会文化にダメージを与えることなく，また観光客の満足を下げることなく，一度に訪問できる最大の観光客数」と定義している（WTO, 1981）。TCC には，大きく 2 つの文脈があるが，それらを混同してこの用語が使われているケースも多いので，以下に分けて解説する。

① 観光地における収容可能容量としての TCC

まずこの文脈に関連するのは，ある観光地のホテルにおいて何人まで観光客が収容できるか，その観光地にはいくつのホテルがあるか，その空港ではどれくらいのフライトが発着可能か，その観光地で利用できる交通機関では，最大どれくらいの人数が移動可能か，など，数値として算出できるような収容力である。さらに，前述の UNWTO の TCC の定義からも読み取れるように，環境的，社会文化的，経済的な側面も組み込む必要があるため，たとえばその観

光地における持続可能に利用できる水資源の量，その地域での指標生物生息数，ゴミ処理の最大容量，騒音の許容範囲，犯罪率，地域経済の変動，観光客の地域での消費額といった，さまざまな要素も算出する必要がある。これらを個別に試算したものを統合することで，その観光地における収容可能容量，TCCがわかるということだ。こうした試算には，主に，(1) 自然環境的指標，(2) 社会・人口動態的指標，(3) 政治経済的指標などの多くの指標を取り入れる必要があるとされており（Coccosis and Mexa, 2002），このようにみれば，その算出が簡単ではないことが理解できるであろう。また，それぞれの分野の専門家が関わらないと，総合的な TCC は明らかにできない。しかしながら，このマクロ経済的な TCC は，難しいながらも数値として算出することは可能であり，その意味で次に説明する②とは少し異なっている。

② 保護区や自然地域における観光活動の環境容量としての TCC

観光においては，自然地域が観光地となることが多いことは本章 2 でも述べたが，このような場合には，"自然環境をいかに劣化させずに持続可能に利用していくか"ということが大きな課題となる。特に，そこで行われるレクリエーションなどの観光活動が，自然環境や野生生物に悪影響を与えないようにするためには，その場所における長期的な生態系の変動をモニタリングすることが重要になるため，簡単に"数値"ですぐ示せるようなものとはならない。なぜなら，生態系の変化はそれほど単純なものではなく，短期的に試算した数値だけで測ろうとすることは，むしろ長期的には生態系に取り返しのつかない損失を与えかねないからである。そこで現在では，保護区やレクリエーションにおける TCC では，より現実的に「その自然環境が受け入れられる変化の許容限界（Limits of Acceptable Change: LAC）」をモニタリングによって監視し，許容限界を超える前に規制を強化するといったプロセスそのものを重視することが主流となっている。生態系の変化を注視していきながら，観光活動をどこまで許容できるか，ということを考えるにあたり，「観光客の満足度・心理的状

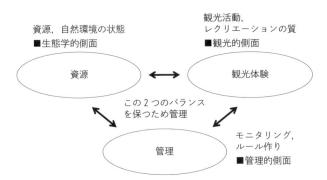

図2-6　自然地域における観光活動の"変化の許容限界（LAC）"管理プロセス
出典：筆者作成

態」も重要な指標のひとつとされる。たとえば，美しいさんご礁を楽しみにきているダイバーは，生態系への悪影響でさんご礁が劣化すれば，"思っていたより海が汚い"，とか"さんご礁がそれほど美しくない"，と感じ，満足度は下がるだろう。同様に，非日常的な自然を大いに楽しみたい，と思っていた観光客にとっては，その場所に他の観光客がたくさん居すぎることで感じる"混雑感"で不快度が増すであろう。このように，生態系の変化と観光客の体験の感じ方の2つの側面を同時にモニタリングしていくことで，"変化の許容限界（LAC）"を設定しながら管理していく，という方法が現在のところ自然環境の持続可能な利用においてもっとも現実的である（図2-6）。むろん，生態系が大いに変化を受けているのに，観光客の満足度がまだ高いような場合には，生態系の変化のほうを最重視して規制をかけることとなるが，多くのケースにおいて，自然環境が劣化していると観光客の満足度も低下する。図2-6に示した生態学的側面，観光的側面それぞれにおいて，どのような指標を用いるかは，その地域の自然環境と観光活動の関係性を十分に事前調査した上で決めていくこととなる。LAC導入の先進的な指標や事例などは，ここでは割愛するが，自然保護区や自然公園における観光管理の研究に数多くあるため，参照されたい。

4 サステナブルツーリズムの実践者

次に、どのような主体がサステナブルツーリズムを実現できるのかみていこう。サステナブルツーリズムを実践していくには、図2-7のように、さまざまなステークホルダーの協働が必須である。この図に示されているのは直接的な観光事業主体であるが、二次的、三次的関係者まで考えれば、農林水産業、文化・学術組織、自然保護団体などと、広がっていく。まず国として、地域として、サステナブルツーリズムの施策を推進していくにあたって、政府や地方自治体のリードは欠かせないが、むしろ具体的な施策を実践していくには事業者の積極的な参画がもっとも重要である。事業者の規模、形態によって環境への負荷の大きさは違うが、それぞれが規模に合わせた施策を行っていくことが重要だ。たとえばこのうち、航空や大型ホテルなどは、もっとも環境負荷の高い事業であるため、観光産業界の中でも早くからさまざまな環境配慮施策を実践してきており、現在で

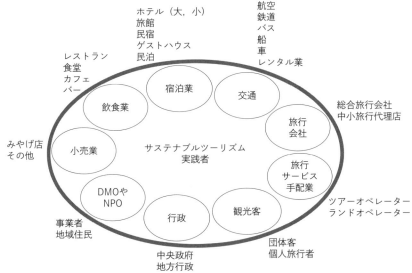

図2-7 サステナブルツーリズムの実践者はすべてのステークホルダー
出典：筆者作成

もより良い施策を目指して議論を続けている。特に"交通"分野においては，CO_2の排出をできるだけ最小にするための交通網整備，交通政策などに多くの研究や事例がある。また，大手ホテルは，総合的な持続可能戦略のパイオニアといえ，飲食業や小売業など他の事業者も参考にできることが多くあるだろう。

　さらに，官民が協働しているDMO[7]が果たす役割も大きい。たとえば地域の観光振興計画において，行政と事業者が議論しながら，交通，宿泊，小売などに持続可能な施策を取り入れられるであろうし，サステナブルツーリズムや環境配慮のための教育的活動（たとえばワークショップなど）を開催したり，地産地消を進めるために農林水産業の支援策も取り入れることができる。[8]

　また観光客は，どのようなツアーでどこに泊まるかといった事前の判断から，自らの観光地での行動まで含めて，旅行を決断するその時からサステナブルツーリズムの実現に関与することとなる。観光客は，非日常的な要素に自らお金を支払って旅をするので，「不快」なことは一切したくないであろうが，楽しみながら環境配慮や地域の持続可能性に貢献する方法はいくらでもある。サステナブルツーリズムへの観光客の積極的な参加は，観光事業者の能動性を高めることに大きく寄与するため，観光産業全体を変えていくには必須であろう。

　一方で，旅行サービス手配業（ランドオペレーター）や旅行会社は，基本的にはすでにある製品やサービスをコーディネートして旅行商品を作っているため，自らが環境や地域社会にかけている負荷が認識しづらい。そのため，一部の先進的な事業者を除けば，これまでサステナブルツーリズムを率先して考案，導入してきた事例は少なかった。しかし実は，旅行会社やランドオペレーターは，"観光のあり方"を決定する上でもっとも重要な役割を果たすため，これについては次節の**解説2**で紹介した。

5 | サステナブルツーリズム実践の課題

　サステナブルツーリズムが誕生してからの20年以上を振り返ると，これまで

に"サステナブルツーリズム"として実現されてきたことには以下のようなことがある。

◆サステナブルツーリズムとしてすでに進んできた施策
・サステナブルツーリズムに関する議論や定義づけ
・小さい規模の観光地における基本的な評価手法の開発
・保護区における観光客管理
・大手宿泊施設での持続可能な食事提供
・持続可能な交通に関する研究
・ステークホルダーの協働プログラム
・地域における個別のプロジェクト（しかし多くは短期間で消滅）
・地方行政による（ための），その地域のサステナブルツーリズム戦略
・質がさまざまではあるが，数多くの認証プログラムや，協議会などの自主的なサステナブルツーリズム実践プログラム（しかしこのようなプログラムは，会員の熱意が薄れたり，会員が減ったりすることで，しばしば衰退）
・サステナブルツーリズムの実践や進捗を測るための指標の開発と試用
・倫理的側面からの議論と実践（人権配慮など）
・調査と事例研究：サステナブルツーリズムに関連するいくつかの事項には，十分な調査や知見がすでにある。たとえば，サステナブルツーリズムの実践において，情報提供やインタープリテーションが果たす役割など（しかし多く側面で研究はまだ不十分）

出典：Lane（2009）を元に筆者加筆

　ここに述べられているように，特に保護区における観光や，小規模で地域的な観光，倫理的な配慮などにおいては，サステナブルツーリズムは早くから議論され，実践されてきたが，特に遅れているのは，観光産業界全体としての環境負荷を削減するサステナブルツーリズムの実現である。ここでは，その課題となっているいくつかの要因についてみていこう。

図2-8 観光産業の構造：インバウンド観光の場合
出典：Wood（2017）を筆者翻訳

1 観光産業の特性：複雑なサプライチェーンと旅行会社の役割

　観光産業は，たとえばインバウンド観光でみてみると図2-8のように，クモの巣のように張り巡らされたサプライチェーンが提供するさまざまなサービスや体験，商品を中心に展開する小売り，卸売り，双方の構造を持っており，いかなる会社もその商品（観光資源，観光商品）を所有したりすることはでき

ない。結果的に，観光産業は，何千という競争相手が売っている商品とサービスの販売を中心に展開することになり，観光客が自国を出発してから帰国するまでの行程において，その消費行動に応えるため，これだけの製品やサービスが関連しているということだ。また，多くの事業者の集合体である観光をひとつのシステムと考えた時に，次のような問題がある。

・それぞれの事業の境界線が明確ではない。
・間接的な影響が多い
・外部要因に影響される（例：ペルーのエコロッジは，周辺の大規模な森林伐採に影響を受ける）
・誘発的な影響が多く，因果関係が予測できない　　　　　　　（Weaver, 2013）

　こうした産業構造は，観光業界全体でのサステナブルツーリズムの実現を難しくしている要因であろう。事業の境界線が明確ではないということは，たとえば，環境配慮が必要，といった場合にも，責任の所在があいまいとなる。また逆に，ある事業者が，持続可能な施策を取り入れようと思った際にも，そこに製品やサービスを提供している事業者がそうした配慮をしていなかった場合は，実現が難しくなる。

　このような課題の解決のためには，さまざまな事業者を包括的にサステナブルツーリズムに導いていくアプローチが必要となってくる。たとえば，サステナブルツーリズムの実践をリードしてきた大型ホテルチェーンなどは，すべての仕入先に「持続可能な調達」を呼びかけたり，宿泊客に協力を呼びかけたりすることで，業界全体にノウハウを提供していくこともできるであろう。

　また，観光地だけでみると，DMOはその全体的な戦略に関わることができるので（図2-8），前節でも述べたように「サステナブルな観光地」を作り上げることに大きく貢献できる。実際に，多くの観光地のDMOにおいて"持続可能な観光"は戦略として掲げられているが，日本の場合は特にその中身を

みると，やはり環境配慮戦略が弱いか，あるいはほとんどふれられていないことが多い。本当の意味で持続可能な観光地としていくには，やりにくいこと，都合の悪いことは後回しにするのではなく，サステナブルツーリズムの基準や原則を十分に留意した上で，その地域にあった施策を計画，開発していくことが望まれる。

さらに，図2-8にあるように，すべての行程に一貫して関わっている旅行会社とランドオペレーターの役割は特に重要である（解説2参照）。

解説2　旅行会社とランドオペレーターの役割

"旅行商品を企画して作り上げ，観光客に提供する"という事業者が「サステナブルツーリズムという商品」を意識しながら作り上げることは，業界全体に波及効果を及ぼすことができる。旅行会社やツアーオペレーター，ランドオペレーターは，観光商品と観光客の需要を知り尽くしたプロでもあるので，そのようなマーケティングのノウハウも活かして，観光客が楽しめるようなサステナブルツ

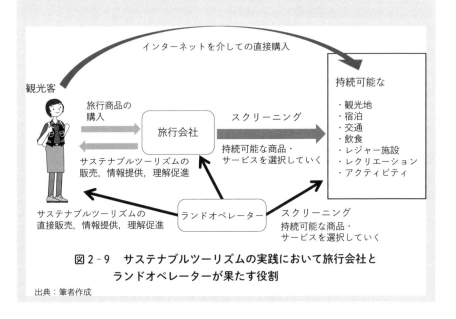

図2-9　サステナブルツーリズムの実践において旅行会社とランドオペレーターが果たす役割

出典：筆者作成

ーリズム商品を提案していけるはずだ。旅行会社とツアーオペレーターは，事業形態そのものは環境や社会にかける負荷が少ないとしても，業界全体に及ぼす影響はかなり大きい。このような立場にある事業者が，持続可能でない観光商品を求めれば，そこに製品やサービスを卸しているすべての関連事業者が，サステナブルツーリズムを実践していく気運が起こらないであろうし，逆に"持続可能な観光商品"が求められれば，サプライチェーンは一貫してそのことを考えるようになる。また，旅行会社やツアーオペレーターは，観光客に対してもサステナブルツーリズムに関する情報提供をすることで，この概念への理解と賛同を醸成していくこともできるであろう。第4章では，いくつかの旅行会社やツアーオペレーターの実践例も紹介しているので参照されたい。

2 中小規模の事業者

　観光産業全体をみたときに，主に大企業においてはCSR[9]の考え方が浸透してきているため，"持続可能な施策"は増え続けているが，いわゆる中小事業者ではまだまだ着手されていないことが多い。しかし，実際に観光地において観光産業を担っている多くは中小企業であり，特に宿泊業では80％近くが中小企業で，この割合はヨーロッパでは90％にもなると見積もられている（WEF, 2009; UNEP and UNWTO, 2012）。また，観光産業にさまざまな物品やサービスを提供している企業の多くも中小規模の地場産業である。こうした現状を鑑みると，環境負荷がもっとも大きい大企業のみならず，世界中の観光に携わるすべての中小事業者が"持続可能なビジネス形態"を実践していかなければ，観光業界全体としてのサステナブルツーリズムの実現は難しいであろう。

　一方，課題として多くの国々の実情からみえてくるのは，これら中小規模の事業者に対する教育的ツールや，具体的な行動につながるような実践ツールが不足していることである。こうした課題を克服するためにも，ヨーロッパでは産業界が主体となって，持続可能なビジネス実現のためのさまざまなツールを提供する組織や団体があり，たとえば，Hotel Energy Solutions（ケーススタ

ディ2参照）のようなものに代表される。

　しかし，日本を含め，世界各地の中小事業者にこうしたことを広めるには，言語や文化，理解の相違も障害のひとつとなっている。ヨーロッパのような，サステナブルツーリズム先進地域の中小事業者支援事例を参考にしつつ，それぞれの国の言語や文化にあった形で，同様の施策を開発していくことが求められるであろう。

　また一般的に，こうした中小企業は，新たに持続可能な施策を導入するための資金や人的資本が不足していることも課題である。その場合には，投資家や銀行による資金的援助，政府による支援も必要となってくるが，同時に，観光に携わる大型の事業者がCSRとして，中小企業をサポートすることも重要であろう。特にツアー商品を広く売り買いしている大規模なツアーオペレーターは，持続可能な戦略を率先している中小企業の商品を，優先的に取り扱うことなどで，その推進を支えることもできる。

　さらに，前述のように観光地の産業が，多くの中小企業の集合体であることを考えると，DMOの果たす役割も非常に大きい。サステナブルツーリズムを実現するために，DMOは強いリーダーシップとコーディネーション能力を発揮して，すべての中小事業者に対して持続可能な戦略を取っていくことを推進し，また観光客にも"持続可能な観光"の価値を伝えていくことができる。こうしたパートナーシップによる取り組みは，個々の中小企業が個別に新たな戦略を実施していくよりも，コストがかからなかったり，リスク回避できることが多いため，効果的と言えよう。表2-4に，中小事業者がサステナブルツーリズムを実践していくにあたり，しばしば見られる障害とその解決策を示したが，これらは大手事業者，DMO，政府，地方自治体，観光協会などが，それぞれの立場からサポートしていくことが求められる。

ケーススタディ 2

産業界が主体となったサステナブルツーリズムの
グリーン戦略支援

・**Hotel Energy Solutions**（http://hotelenergysolutions.net）
　UNWTOと，観光とエネルギーに関する課題解決をリードしているヨーロッパのいくつかの企業との協働によって立ち上げられたプロジェクトで，特に中小企業向けの情報共有，技術的支援，トレーニングなどを行っている。ウェブサイトから無料で利用できる，オンラインツール（e-tool kit）なども提供している（図2-10）。

図2-10　Hotel Solutions のウェブサイト
出典：Hotel Energy Solutions（2017）

表2-4 持続可能な施策実施における，中小事業者の課題と解決策

障害	解決策
知識の不足	第三者によるワークショップ，トレーニングなどの教育的プログラム
時間の不足	観光地全体として計画を立て，それを既存の活動に組み込んでいく
優先順位の低さ	・産業界の広報冊子などを通じて，持続可能な観光と施策の意義を認知させる。それによって，より多くの中小企業の参加を促進する。 ・一般市民（地域住民，観光客含む）にもサステナブルツーリズムの意義や実践の成果を広く公開し，中小事業者によるサステナブルツーリズムの実践がマーケティングツールとして使えるようにする。
追加でかかるコスト	・補助金によるサポート ・予算の範囲内でできることを計画する ・すでに実施していることがあるかもしれないので，そこを洗い出す ・運営上，資産上のコスト削減を行う
信頼性の低さ	第三者による評価（アセスメント）

出典：Bushell and Simmons（2013）を元に筆者作成

　本章では，「サステナブルツーリズムとはどういうものか」「どのような点に留意して実践すればよいのか」という概要をみてきた。社会，経済，環境の3要素すべてがサステナブルツーリズムにとって重要な側面であり，また，いかなる観光の形態にもこれを当てはめていかなければならないということが理解できたであろう。また，これまでに進められてきたサステナブルツーリズムの施策や研究を整理した上で，これから実践がより求められる分野や，そこにそれぞれのステークホルダーが果たせる役割なども学んだ。

　現在急速に拡大を続ける観光業は，今や「地球環境の持続可能性」に深く関わる存在となっているが，そもそも地域性を重視する産業である観光においては，その視点はこれまであまり重視されてこなかった。しかし，環境的持続可能性が保たれなければ，観光産業（経済）もそれに支えられる人々の暮らし（社会）も脅かされる，という事態になっていることを理解しなければならない。次章からは，そこに焦点を当てて，地球環境とサステナブルツーリズムとの関連性，およびその実践について学んでいく。

注

1) トリプルボトムラインとは，企業活動を経済面のみならず社会面及び環境面からも評価する考え方。具体的には，企業が公表する「持続可能性レポート」において，これら3つの側面についての成果が述べられる。ボトムラインとはもともと会計用語であり，損益計算書の一番下の行に当期の純利益を示すことからそのように言われるが，トリプルボトムラインにおいては，こうした企業利益も，社会的負荷，環境的負荷を換算した上で評価しなければならないとしている。
2) 自然地域観光とは，自然環境の中で楽しむさまざまな形態の観光を指すが，そのうちネイチャーベースドツーリズムはより深く自然との関わりを持つ観光（たとえば植物や地形を観察する観光，登山，ダイビングなど），さらにワイルドライフツーリズムは，特に野生生物との出会いを楽しむ観光（たとえばバードウォッチングやホェールウォッチングなど）である。
3) 自然地域には，原生自然とともに人の手が加わった二次的自然も含まれるため，農漁村地域，田園などもエコツーリズムの対象となる。
4) UNEPの支援で立ち上げられたGlobal Sustainable Tourism Councilが，数十年をかけて，80あまりの関連組織と協働のもと策定した基準で，宿泊施設とツアーオペレーター向け基準，観光地向け基準がある。詳細は，ウェブサイトを参照のこと（https://www.gstcouncil.org/）
5) GSTC基準については本章3-1参照。
6) 環境容量は，環境収容力と言う場合もある。
7) DMOとは，Destination Management Organizationの略で，日本語でもDMOとして使用されている。様々な主体が地域住民と協働して観光地づくりを行う組織。
8) 地産地消がなぜ重要か，という点を考えるためには，第4章を参照のこと。
9) CSR: Corporate Social Responsibilityは，日本語では「企業の社会的責任」と訳される。企業は，社会・経済に大きな影響を与える存在であることを自覚し，利益の追求だけではなく，倫理的な面から人権や環境に配慮した活動をしていく責任があるということ。

SUSTAINABLE
TOURISM

第**3**章 | 現在の地球から考える
持続可能性

何を学ぶか？

　これまで、「持続可能な開発」と「サステナブルツーリズム」について、それぞれの定義や両者の関係性を学んだことで、サステナブルツーリズムが正しく理解できたであろう。本章では、このような関係性を、"現在の地球"で考えてみる。観光が、地球の持続可能性を脅かしている要因を具体的に知ることによって、現在、また将来的にどのような観光が求められるのか、イメージできるようになる。

1 現在の地球の状況

　果たして，いま地球は持続可能な道を進んでいるのだろうか。現代は"Anthropocene（人新世）[1]"とも言われるほど，地球全体に人類の影響が及んでおり，その影響が軽減される気配は一向にない。さまざまな形で産業や市場，都市化，グローバリゼーションが拡大するにつれ，地球環境への負荷は高まる一方である。WWFが4年に一度発表している『生きている地球レポート（Living Planet Report）』の最新版によれば（WWF, 2016），地球全体の生き物の数を指数化すると1970年から2012年までに，脊椎動物の個体数は世界全体で58%低下している[2]（図3-1）。また森林，漁場，牧草地，耕作地，社会インフラなどによる土地への負荷と，二酸化炭素排出による地球環境への負荷を土地面積で換算すると地球1.6個分が必要になっているという[3]（図3-2）。これは，1970年代初め以降，人間が地球の生産力以上のものを要求し続けてきた結果である。すなわち，現代の産業構造と人間の生活を支えるために，私たちは地球1.6個分の生産力を必要としているが，地球は1個しかないわけであるから，負債を抱えた赤字経営ということだ。

　更に，地球全体の資源の分配や，資源の消費構造をみたときに，その多くを使っているのはいまだ先進国であり，新たに使い始めているのは新興国であり，多くの発展途上国はそれを享受していない。たとえば，世界の食糧生産量の3分の1にあたる約13億トンの食糧が毎年廃棄されているが，この廃棄のほとんどは，ヨーロッパ，北米，オセアニア，アジア先進工業地域で発生しており（FAO, 2011），日本の食品ロスは，世界全体の食糧援助量の2倍にもなっている[4]（農林水産省, 2016）。先進国では精神的豊かさを求める時代へと移り変わっているといわれるものの，まだおおいに資源の無駄遣いがなされており，また新興国では，物質的豊かさの追求が始まっている。その裏で，世界の栄養不足の人々は約8億人もおり，これは世界人口の9人に1人にあたるが，その約80

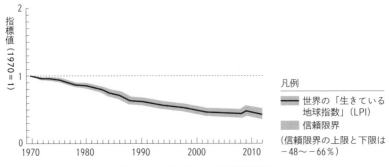

図 3-1　生きている地球指数

注1：「生きている地球指数 Living Planet Index (LPI)」は，全世界の脊椎動物（ほ乳類，鳥類，魚類，両生類，は虫類）から選んだ3,706種・14,152の個体群の科学的データを基に算出したもの。1970年から2012年までに，陸域では38％，淡水では81％，海洋では36％も個体数が減少していることがわかっている。

注2：1970年を1とした場合，生きている地球指数は2012年までに58％低下している。

出典：WWF（2016）

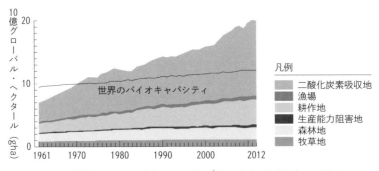

図 3-2　世界のエコロジカルフットプリントとバイオキャパシティ

注1：エコロジカルフットプリントの詳細については，解説3を参照のこと

注2：世界のバイオキャパシティとは，資源と生態系サービスを提供する地球の生産力の上限であるが，人間活動の需要は1970年代にすでに地球の生産力を超えてしまった

出典：WWF（2016）

％が南アジア，サハラ以南アフリカ，東アジアの人々である（図3-3）（FAO, IFAD and WFP, 2015）。同様に，地球温暖化の原因となっている二酸化炭素の排出量についても，2015年データで上位から順に中国，米国，インド，ロシア，日本，ドイツとなっており，図3-4でみるように先進国と新興国に偏っている（IEA, 2017）。

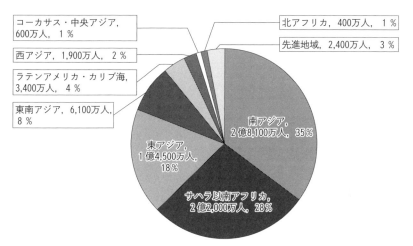

図3-3　地域別にみた世界の栄養不足人口
出典：FAO, IFAD and WFP (2015)

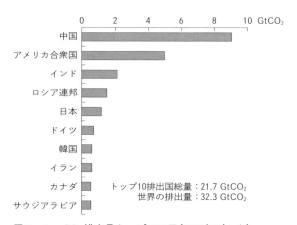

図3-4　CO_2排出量トップ10の国（2015年データ）
出典：IEA (2017)

　このように，1980年代から警鐘がならされてきた，地球環境への負荷の増大と，先進国と途上国との不公平な資源配分は，改善しているとはいい難い。さらに，先述のように，地球そのものが無駄遣いによって赤字に陥っている状態であり，人間活動によって排出される廃棄物を，地球が処理しきれなくなっている[5]。

解説3　エコロジカルフットプリントとは

　エコロジカルフットプリントは、①人間の需要によって消費されるすべての資源を生産するため、および②そこから発生する廃棄物を吸収するため、に必要なバイオキャパシティ（生物生産性）を土地面積に換算したもの。

　現時点では、廃棄物は、化石燃料、土地利用変化、セメントから排出される二酸化炭素のみが含まれており、需要については、以下の6タイプが換算されている。

　つまり、簡単に言うと「人間の活動を支えるために、どれくらいの土地が必要か」ということをさまざまな方法で試算したものであるが、その結果、地球1個分を超えてしまっている、ということだ。

耕作地フットプリント
人間が消費する食物や木材・繊維、家畜用のえさ、油脂作物、天然ゴムを生産するのに使用される土地面積に対する需要を意味する。

牧草地フットプリント
食肉、乳製品、皮革、毛織物を得るための家畜を飼育するのに使用される土地面積に対する需要を意味する。

漁場フットプリント
水産物の漁獲と養殖を支えるために必要な年間一次生産推計値（植物プランクトンの生産量）を得るために必要な海洋・内水面に対する需要を意味する。

森林フットプリント
薪、パルプ、木材製品を得るために必要な森林に対する需要を意味する。

生産能力阻害地
社会インフラである交通、住宅、産業構造物を建造するのに必要で、生物生産性のある土地面積に対する需要を意味する。

二酸化炭素吸収地（カーボンフットプリント）
海洋に吸収されない二酸化炭素の長期的固定化に利用できる一次生態系としての森林に対する需要を意味する。人による森林管理の程度、森林のタイプ、樹齢などによって異なる炭素固定化率を適用し、森林火災、土壌、伐採された樹木に関わる排出を含む。

出典：WWF（2016）を元に筆者作成

第3章 現在の地球から考える持続可能性　65

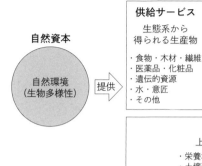

生態系サービスを提供している自然環境は，近年，私たちにとってもっとも重要な資本であると認識され，「自然資本」と呼ばれることもある。

図3−5　自然環境（生物多様性）が私たちに提供している4つのサービス
出典：Millennium Ecosystem Assessment（2005）を元に筆者作成

"持続不可能な状態"に陥っている地球をより具体的に理解するために，「温暖化による気候変動」（解説4参照）と「生物多様性の損失」（解説5参照）という二大地球環境問題について着目してみよう。なぜ，この2つに焦点を当てることが重要かといえば，もっとも深刻に全球的な影響を及ぼす問題，かつ地球という生命維持システムそのものに関わる問題だからである。また，多くの環境問題もなんらかの形でこの2つの問題と関連している。

まず，「気候変動」は地球そのもののシステムが変化し始めている状態であり，地球上に存在するすべてのもの（生物の生存のみならず，経済，社会）に関連する最大の問題である。1972年に語られた"宇宙船地球号"（第1章1参照）を思い出してみれば，私たちが乗船しているたったひとつの船が故障し始めている，ということだ。本来，この地球は，自然環境とそこに生息する生き物達の相互関係システムである生態系（エコシステム）によって均衡が保たれている。図3−5の「生態系サービス」にみるように，生態系が大気や気候の調整もしているのだ。もともと地球にはこのような働きが備わっていたが，これが追いつかないほどに，人類が二酸化炭素に代表される温室効果ガスを排出し続

けてきた結果，地球温暖化による気候変動が起きている。

一方，「生物多様性の損失」は，図3-5のような私たちが生態系から得ているさまざまな恩恵を失うことを意味している。図3-1で示したように「生きている地球指数（LPI）」が低下し続けていることは，こうしたサービスが急速に失われていることにほかならない。本来，経済活動，社会活動を含む私たちの暮らしのすべてが，生態系サービスを基盤に成り立っていることを考えれば，何よりも生態系（自然環境）の持続可能性が最優先で重要であることがわかるだろう。

この二大地球環境問題は，相互に密接に関連があるため，同時的かつ早急に解決していくことを考えなければならない。森林など二酸化炭素の吸収源が失われていることが温暖化に拍車をかけているし，温暖化によって，絶滅する生物が出てくるなど生物多様性も大きな影響を受ける。忘れてはならないのは，いずれもその原因は，人間が作り出しているということだ。人類は長い間，地球を自由に，好き放題利用してきたが，それを続けていくにはもはや限界であり，今後は徹底的に管理をしながら利用していかなければ，この地球そのものが持続可能ではない。地球の生産力，浄化力，収容力に見合った形での経済・産業活動が求められているのである。

解説4　地球温暖化による気候変動

　人類は18世紀半ばの産業革命以降，化石燃料（主に石炭，石油）をエネルギー源として燃やし，温室効果ガスを排出し続けてきた。この温室効果ガスが，大気中に蓄積し，地球上の熱が宇宙空間に放出されにくくなることから起こるのが「地球温暖化」である。温室効果ガスには，二酸化炭素（以下CO_2）のほか，メタンや一酸化二窒素などさまざまあるが，排出量の大きさからCO_2の影響が圧倒的に大きい。よって，"温暖化防止＝CO_2の排出削減"という図式が成り立つ。地球温暖化は，その因果関係の直接的な科学的証明が困難なことから，90年代までは懐疑論も根強く存在していたが，現在では，IPCC[*1]を中心に，世界中の研究

者が集め続けた膨大なデータが示す数々の証拠から、疑う余地のないものとなっている。図3-6は、IPCCの報告書が示した地球温暖化の事実である。また、地球の平均気温は2℃の上昇が、全球的な気候システムにとって致命的と言われているが、図3-7にみるように、平均気温は上がり続けている。温暖化によって全球的に引き起こされる「気候変動」は、すでに世界のさまざまな地域で問題となりつつあり、現在では、直接的な温暖化防止対策、すなわち温室効果ガスの排出を削減する「軽減策（mitigation）」とともに、気候変動による災害や悪影響に緊急対処するための「適応策（adaptation）」も合わせて用いることが重要となっている。というのも、すでに地球温暖化によって起こっている気候の変化は、経済的・社会的な障害となっており、今後その問題はさらに大きくなっていくからである。

・気候システムの温暖化には疑う余地がなく、また、1950年代以降、観測された変化の多くは、数十年から数千年間にわたり、前例がない　（IPCC AR5 SYR SPM p.2, 20-21行目）
・大気と海洋は温暖化し、雪氷の量は減少し、海面水位は上昇している
（IPCC AR5 SYR SPM p.2, 21-22行目）

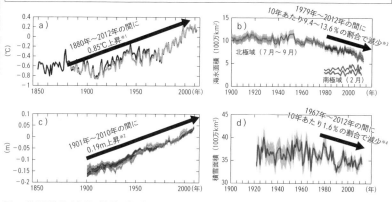

図a：世界平均地上気温（陸域＋海上）の1986-2005年平均からの偏差
図b：世界平均海面水位の1986-2005年平均からの変化
図c：北極域（7月～9月平均）及び南極域（2月）の海氷面積の変化
図d：北半球（3月～4月平均）の積雪面積の変化　　　＊図中の矢印は原図に追加したもの
資料：図a, b. IPCC AR5 SYR SPM Fig. SPM.1(a),(b)、図c. IPCC AR5 SYR Longer Report Fig1.1(c)、
　　　図d. IPCC AR5 WGI SPM Fig. SPM.3(a)

※1の出典：IPCC AR5 SYR SPM p.2, 25-26行目　　※2の出典：IPCC AR5 SYR SPM p.4, 28行目
※3の出典：IPCC AR5 SYR Longer Report p.42　　※4の出典：IPCC AR5 WGI SPM p.9, 25-26行目

図3-6　IPCC第5次評価報告書からみる温暖化の傾向

出典：環境省（2015）

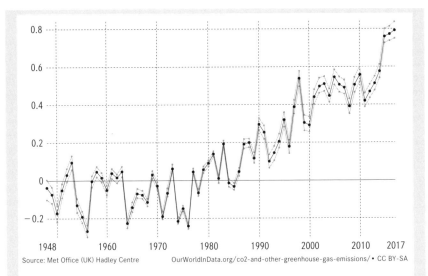

図3-7　地球の平均気温の変化
注：太い黒線は地球の平均気温の中央値，グレーの線は，その上限下限における95％の信頼区間
出典：Our World in Data（2017）

＊1　IPCC（Intergovernmental Panel of Climate Change：気候変動に関する政府間パネル）

解説5　生物多様性の損失

　生物多様性とは，「生態系（生息地）の多様性」「種の多様性」「遺伝子の多様性」という3つの多様性を内包するものであるが，もっとも簡単な言葉で表せば「多様な自然環境とそこに生息する多様な生物」ということになる。図3-5でみたように，こうした生物多様性が生態系サービスを提供し，私たちの暮らしのすべてを支えている。

　国連は，2001年〜2005年に世界で初めてとなる全球的な生物多様性の状況調査「ミレニアム生態系評価」を実施し，その危機的状況を示した（表3-1）[*1]。人間活動の基盤として重要な生物多様性も，20世紀までに多くの悪影響を受け，かつ

21世紀以降にもそうした影響が継続あるいは増加している。この結果から特に緊急性がみえるのは，熱帯林や淡水域はこれまでにも破壊が進んだが現在でも急速に消失していること，また地球温暖化による影響は今世紀に入ってから急増していること，更には海洋資源がすでに非常に強い影響を受けていたことなどである。無尽蔵と思われていた海の資源が危機的状況にあるという事実は，当時各国で驚きを持って共有され，その後，海洋保護区の設置や水産物の持続可能な利用などが急務として推進されている。

表3-1　国連ミレニアム生態系評価（2001～2005）の結果（抜粋）

代表的生態系＼原因	生息地の改変	地球温暖化	外来生物	過剰な資源利用	汚染
熱帯林	●↑	△↑	△↑	◎↗	△↑
淡水域	●↑	△↑	◎↑	○→	●↑
海洋	○↑	△↑	△→	●↗	△↑
極地	△↗	◎↑	△→	○↗	○↑

20世紀中の悪影響	△弱い	○やや強い	◎強い	●非常に強い
現在の影響	→変わらず	↗増加傾向	↑急増傾向	

出典：Millennium Ecosystem Assessment (2005) を元に筆者作成

*1　生物多様性への影響をみるには，すべての生き物の生息地である生態系への影響を評価することがもっともわかりやすいため，生態系別の評価となっている。

2　地球の持続可能性と観光が与える負荷

　地球がすでに危機的状況であることをみてきたが，さらに2050年までに観光が地球環境に与える負荷がどれくらいのものになるか，という試算によれば，比較的控えめな計算でも，おおよそ2倍から3倍になると見積もられている。たとえば項目別にみると，

表3-2 観光産業による主な地球環境への負荷

負荷	概要
エネルギー消費と温室効果ガスの排出	交通,宿泊施設,観光行動,食物などに関連して消費されるエネルギーと,CO_2 に代表される温室効果ガスの排出
生物多様性の損失	道路,空港などのインフラ整備および観光関連施設の建設による生息地(生態系)の改変,食物,水,その他の資源利用,廃棄物・廃水による汚染,ダイビング,登山,釣りなどのレクリエーション活動による過剰利用,移動や庭園造成による外来種の侵入,人間の介入による野生動植物へのストレス,気候変動による生態系の変化,光による動植物への影響(光害)
水の過剰利用と廃水	多くは宿泊施設に関連する(宿泊客の水使用,プール,景観維持,洗濯など)もの,ゴルフコースの維持,などによる水使用,廃水(主に宿泊施設から)による水の汚染・海洋汚染
資源の過剰利用と廃棄物	食物,アメニティに代表されるあらゆる資源の過剰利用,ゴミ,廃棄物による環境汚染・土壌汚染・地下水汚染

出典:UNEP (2003), UNEP and UNWTO (2012), Secretariat of the CBD (2015), Hall et al. (2015b) を元に筆者作成

・エネルギー利用　2.64倍

・CO_2 の排出　2.64倍

・淡水の利用　1.92倍

・土地利用　2.89倍

・食物の利用　2.08倍

などである (Gössling and Peeters, 2015)。これらはすべて,すでに学んだ二大地球環境問題の「温暖化による気候変動」と,「生物多様性の損失[6]」と関連していることがわかるであろう。すなわち,エネルギー利用や CO_2 の排出は地球温暖化に寄与するし,淡水,食物,土地の利用などは,生物多様性の損失の原因となっている。地球の持続可能性を考えた場合に,観光が抱える問題には,主に表3-2のようなものがある。

次に,こうした地球環境への負荷と観光との関連性について,それぞれの項目でみてみよう。

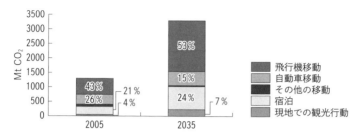

**図3-8　観光セクターからのCO₂排出量と今後の予想
（何も対策を講じなかった場合）**

出典：UNWTO and UNEP（2008）を筆者翻訳

1　エネルギー消費と温室効果ガスの排出

　観光とは切っても切れない長距離移動は、現在のところ化石燃料の使用が不可欠であり、全世界の温室効果ガス排出量の5％は観光産業が排出源である（UNEP and UNWTO, 2012）。図3-8にみるように、その主な排出源は、交通、宿泊、観光行動（観光客の活動、飲食など）であるが、そのうちおよそ4割が飛行機、3割が自動車、2割が宿泊施設からの排出であり、今後何も対策を講じなかった場合2035年までに全体で2.5倍以上になると予想される。特に、飛行機移動によるCO_2の排出については、現在すでに世界全体の排出量の2.5％となっているが、今後、最大で15％を占めるまでになるとの予想もある（Wood, 2017）。

　観光産業によるCO_2の排出は、このような交通、移動に関するものに焦点があてられがちであるが、実際には、ほかのさまざまな活動にも起因する。たとえば、ホテルで提供される食品や飲料も、その製造過程や運送過程でCO_2を排出しているし、観光行動から出されるさまざまなゴミの処分にもCO_2は排出される。こうしたあらゆるCO_2の排出を総合的に捉えるには、「カーボンフットプリント」（解説6）という考え方が非常に重要である。

解説6　カーボンフットプリント

　カーボンフットプリントとは，商品やサービスなどさまざまな事業活動とその生産物が，原料調達から廃棄までのライフサイクルの中で排出するCO_2の量を換算して，地球温暖化におよぼす影響を示す指標。こうしたカーボンフットプリントを商品やサービスに表示することで，消費者も温暖化への影響の少ないものを選択することが可能になる。英国など進んでいる国では，CO_2の排出量のみならず，削減目標なども製品に表示されていることもある。

　一方で，気候変動は経済，社会に大きな影響を与えるが，観光産業も例外ではない。地球の平均気温は，2℃の上昇が致命的であることは先に述べた（解説4参照）が，その変化がもたらす一般的な影響と観光産業への影響を表3-3にまとめた。EC（欧州委員会）が出した報告書によると，ヨーロッパにおける観光産業は，温暖化による被害で2080年までに毎年50億ユーロもの減収となるであろうと試算している（Hotel Energy Solutions, 2011）。

　観光産業が，地球の持続可能性，およびその産業そのものの持続可能性を脅かさない形で維持されるためには，産業界全体として温室効果ガスの排出を確実に減らし，危急的に気候変動に対応していく必要がある。

2　生物多様性の損失

　この分野は，自然地域を観光地とするエコツーリズムは直接的に関連するが，他のさまざまな観光にとっても，生態系の多様性と種の多様性は，重要な資源である（図3-9）。生態系は地域に固有の景観を形作っており，多くの観光客はそうした景観を楽しみに来訪するし，また日常では見られないような種（植物，動物など）は，わざわざそれを見に行くツアーが組まれるほど魅力的な観光資源となっている。エコツーリズムではない，ビーチリゾート滞在，山歩き，名勝観光といったマスツーリズムでも，多くはこうした生物多様性が観光資源

表3-3 気候変動による影響と観光産業への影響

1980～1990年の平均気温に対する世界年平均気温の変化（℃）

区分	0℃ ———————————————————— 5℃
水	湿潤熱帯地域と高緯度地域における水利用可能量の増加 …………………▶ 中緯度地域及び半乾燥低緯度地域における水利用可能量の減少と干ばつの増加 ……▶ 数億人の人々が水ストレスの増加に直面 …………………▶
生態系	最大30％の種の絶　　　　　　　　　地球規模での 　　　　　　　　　滅リスクが増加　　　　　　　　　　重大な絶滅　　　　　　▶ さんごの白化の　　ほとんどのさんご　広範囲にわたるさんご 増加　　　　　　　が白化　　　　　　の死滅 　　　　　　　　　陸域生物圏の正味の炭素放出源化が進行 　　　　　　～15％ ————————— ～40％の生態系が影響を ……▶ 　　　　　　　　　　　　　　　　　　受ける 種の分布範囲の移動及び森林火災のリスクの増加 　　　　　　海洋の深層循環が弱まることによる生態系の変化 ……………▶
食料	小規模農家，自給農業者，漁業者への複合的で局所的な負の影響 …………………▶ 　　　低緯度地域における穀物生産　　　　　低緯度地域における全 　　　性の低下傾向　　　　　　　　　　　ての穀物の生産性低下 　　　　　中高緯度地域におけるいくつ　　　いくつかの地域における 　　　　　かの穀物の生産性の増加傾向　　　穀物の生産性の低下
沿岸域	洪水及び暴風雨による被害の増加 …………………▶ 　　　　　　世界の沿岸湿地の …………………▶ 　　　　　　約30％の消失 　　　　　　毎年さらに数百万人が沿岸域の洪水 　　　　　　に遭遇する可能性がある
健康	栄養不良，下痢，心臓・呼吸器系疾患，感染症による負担の増加 ………▶ 　　熱波，洪水，干ばつによる罹病率及び死亡率の増加 …………………▶ 　　いくつかの感染症媒介動物の分布変化 …………………▶ 　　　　　　　　　　　　保健サービスへの重大な負担 ………▶

0　　　1　　　2　　　3　　　4　　　5℃

観光産業が受けるであろうといわれている気候変動による影響（あくまで予測）

❖ リゾートツーリズムへの影響：冬のリゾート地で雪が減少する地域が出てくる，島のリゾート地が水面上昇で危険な地域となる（あるいは失われる），乾燥地域にある観光地が荒廃する
❖ ツアー施行への影響：降雨パターンが予測しにくくなったり，気候の変化が激しくなったりすることでインフラが破壊されたり，旅行動向が変化したりする
❖ 観光資源への影響：森，水，さまざまな生物といった観光地の景観にとって重要な生態系が損なわれる。また，温暖化への適応策としてダムや洪水防止施設などが増えることで景観が損なわれる
❖ 観光客や観光従事者への影響：熱帯病や生物媒介の病気などが増え，健康が危険にさらされる
❖ 長距離フライトへの影響：二酸化炭素排出削減のための政策を各国が強化することで，化石燃料が更に高額になり，遠隔地への観光のコスト高などの影響
❖ 観光形態の変化：世界中が気候変動により配慮していくようになり，観光産業にも厳しい目が向けられて，観光形態をより環境に配慮したものとするよう求められる

出典：Bricker et al. (2013)，日本環境教育学会（2012）を元に筆者作成

ハワイの美しいビーチ景観　　　知床の冬の名物種であるオオワシ

図3-9　観光資源である生態系と種（例）

出典：筆者撮影

表3-4　生物多様性が創出する観光産業の利益

生物多様性の観光資源の例	利益の試算
カリブ海（生態系による固有の景観とそこに生息する種）	観光事業で200万人の直接的雇用（住民の10人に1人）が創出される[*1]
世界のさんご礁（生態系による固有の景観とそこに生息する種）	観光資源として世界で年間300億ドルがもたらされる[*2]
フロリダのマングローブ（生態系による固有の景観とそこに生息する種）	マングローブ周辺の釣りで，年間10億ドルがフロリダ経済にもたらされる[*3]
パラオのサメ（種）	ダイビングで，1匹のサメが生涯で190万ドルの総収入をもたらす[*4]
アフリカのライオン（種）	サファリ観光で，1匹のライオンが生涯で51万ドルの外貨収入をもたらす[*5]

出典：[*1,2,3,4]: The Nature Conservancy (2017), [*5]: Thresher (1981) を元に筆者作成

となっており，さまざまな地域で利益と雇用を生んでいる（表3-4）。一方で，こうした生物多様性が劣化することは，その地域が観光地としての魅力を失うこととなり，しばしば観光客離れが起きる原因となっている。

さらに，図3-5で解説した「生態系サービス」を考えると，直接的な観光資源となる以外にも，食の提供，気候の調整など含め，観光産業を可能とするすべての基盤が生物多様性（自然環境）によってもたらされているともいえるのだ。たとえば，東京観光で考えてみれば，図3-10のようになる。

図3-10　東京観光と生態系サービスから得ている恩恵の例
出典：筆者作成

　よって，観光地や観光業界が生物多様性の保全に努めることは理にかなっているのであるが，この問題の難しさは，さまざまな要素が複雑に関連し合っているため，気づかないうちに生物多様性に悪影響を及ぼしてしまう，というところにある。観光が生物多様性に与える悪影響について代表的なものが先述の表3-2にも示されているが，やはり因果関係が複雑であるためなかなか量的に影響を示すのは難しい。しかし，たとえばIUCNの絶滅危惧種リストにある約48,000種のうち，わかっているだけでも1,761種が観光の影響で絶滅に瀕しているとみなされている（UNEP and UNWTO, 2012）。これらは，まず，観光開発による生息地の改変が大きな要因と言える。特に90年代からは一部屋の面積が大きい大規模なリゾートホテルの流行があり，そのための土地改変面積も増えている。さらに，旅行者や交通機関の行き来による外来生物の侵入，あるいはレクリエーションによる自然環境の過剰利用（表3-5），ゴミや廃水による汚染，といった良く言われる観光の自然環境への影響のみならず，"生物資源の**持続不可能な利用**"も原因のひとつであることを忘れてはならない。特に食品の多くは，農産物および漁業，狩猟により野生から採取されたものであり，食物を採取，栽培，生産する方法は，生物多様性に多大な影響を与える。たと

表3-5 レクリエーションを中心とした観光活動が,自然環境に与える影響の例

要素	観光活動によるリスクの例
生態系	■宿泊施設,ビジターセンター,インフラ,その他のサービス施設の整備は,植生の除去,動物の攪乱,生息地の破壊,廃水の影響などをともない,環境に直接的な影響を与える。 ■野生動物の生息地は,どんな種類の観光開発や観光利用によっても大幅に変えられる可能性がある(動物の移動ルート,捕食エリア,繁殖エリアなど)。
土壌	■土壌の踏み固めは,利用が多いエリアで起こりやすい。 ■同時に土壌の流出や浸食も発生し,利用されなくなった後も,その現象は続くかもしれない。
植生	■施設周囲に利用が集中することで,植生に対して悪影響がある。 ■交通は,環境に直接的な悪影響を及ぼすことがある(植生の除去,雑草の伝播,動物の攪乱など)。 ■火事の頻度は,観光の管理によって変わりうる。
水	■真水の需要の増加。 ■河川,湖,海洋への汚水やゴミの廃棄。 ■船舶からのオイルや燃料の流出。 ■プロペラ付きの船舶は,特定の水生の動植物に影響を与える。
大気	■エンジン付きの交通手段(飛行機,列車,乗用車など)は,その排気により汚染を引き起こす可能性がある。
野生動物	■ハンティングや釣りは,生物間の個体数のバランス(生態ピラミッド)を崩すおそれがある。 ■ハンティングや釣りをする人は,外来種を導入したり,ターゲットとなる動物の数を増やすことを要求するかもしれない。 ■交通や外来種の混入などにより,昆虫や小型の無脊椎動物にも影響がある。 ■観光対象となる生物か否かにかかわらず,すべての種において,利用による攪乱は起こりうる。 ■生物の攪乱にはいくつかの種類がある(騒音,視覚的刺激,嫌がらせ行為など)。 ■人間と接触している時間の後も,影響は長く続くことがある(心拍数が平常に戻るまで,鳥が舞い降りるまで,哺乳類が繁殖や食事を再開するまでなど)。 ■海洋哺乳類は,船舶の影響やプロペラによる切り傷が原因で負傷したり,死亡することがある。 ■野生動物は,人間に慣れることによって,食物を求めて人に近づくなど,行動が変化することがある。

出典:イーグルス他(2005)

えば集約型農業による,土地の改変,化学肥料の大量散布や,持続不可能な形の漁業による魚の獲りすぎ,などである。世界の生物多様性の状況を調査した国連ミレニアム生態系評価[9]では,無尽蔵と思われていた漁業資源も枯渇の懸念

があることを明らかにしたが，多くの観光地もこれに寄与していることは疑いがない。特に，近年の世界的な日本食，寿司ブームは，水産物資源の過剰利用にさらに拍車をかけているし，また，フカヒレのように特定の魚種の存続に影響を与えている食材もある。

　食のほかにも，後述する水の過剰利用，おみやげに代表される特定の野生生物資源の利用[10]といったことは直接的に種の絶滅に影響を与えるし，長期的には，CO_2の排出による地球温暖化，なども影響する。観光産業が生物多様性に与える重層的な影響について，ホテルの事例を取り上げて図3-11に示した。これをみると，観光客がホテル滞在中の気づかない間にも，実はさまざまな負荷をかけていることがわかるであろう。

　さらに広い視点で，観光産業と生物多様性の関わりを日本の事例でみると，図3-12のようになる。ここにある第1〜第4までの危機は，日本の生物多様性損失の主な要因であるが，観光産業の川上から川下まで，さまざまな場面で関連していることがわかる。

　一方で，より良いやり方をすれば，観光は生物多様性の保全に貢献することができる。たとえば，①自然地域の適正な利用によって経済的利益を生み，その利益をさらに保全活動に利用できる，②ある種を観察対象とすることによって資源価値が認識され，種の保護が進む，③観光によって自然を体験・観察することで，自然への理解や共感，敬意が生まれる（環境教育），④自然地域周辺のコミュニティに利益を創出することで，保全活動の動機づけができる，などである。これらはすべて，エコツーリズムには基本原則として当てはまるが，他の観光形態においても，生物多様性への貢献を意識して計画，運営していくことが重要である。観光が生物多様性に与える悪影響をできる限り最小限にし，逆に貢献できることを最大限にしていくことが，健全な地球のために必要であり，また重要な観光資源である生物多様性を守ることにつながる。

図 3-11　ホテルが生物多様性に与える影響（例）
出典：IUCN（2008）を元に筆者作成

第3章 現在の地球から考える持続可能性　79

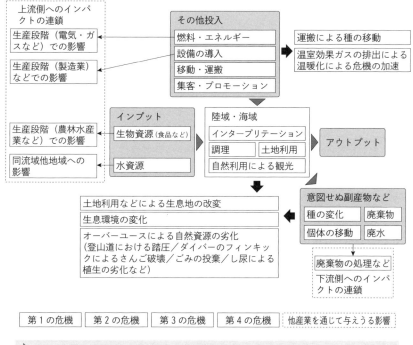

図3-12　観光産業と生物多様性の関わり

出典：環境省（2017）

3　水の過剰利用と廃水

　UNEPの見積もりによれば，アメリカ合衆国において観光とレクリエーションが消費する水の量は，年間9億4600万 m^3 にもなり（EPA, 2000），その60％が宿泊施設における観光客の使用，洗濯，庭や施設の運用と維持によるものであり，13％は飲食サービスによるものである。また，ヨーロッパでは，年間8億4300万 m^3 の水が観光産業で使用されるが，平均して観光客1人で1日300リットルの淡水を使用しており，ラグジュアリーホテルの観光客であれば880

リットルにもなる（EEA, 2001）。ヨーロッパにおける一般的な家庭の水使用量が平均して241リットルであることを考えると，観光での使用量はかなり多いことがわかるであろう。世界的にみても水の供給効率の良いヨーロッパでこれだけの量が使用されているとなると，世界的な観光による水消費は相当なものとなる。世界全体で観光による直接的な水利用の概算では，観光客1人1日あたりで100リットルから2,000リットルと幅があるが，むろん大規模なリゾートスタイルのホテルになるほど利用量が圧倒的に多くなる。その中身は，ゴルフコースのメンテナンス，広大な庭の水やり，プール，スパ，そして客室である（UNEP, 2003; UNEP and UNWTO, 2012）。こうした観光による水利用は，廃水による汚染という問題も引き起こす。河川や海洋の汚染は頻繁に起こる問題であるが，ゴルフコースやホテルの庭に撒かれる水は化学肥料を含んで浸透していくことが多いため，土壌汚染や地下水汚染にもつながる。

　また，もっと間接的な水使用も考えれば，たとえば1リットルのガソリンを生産する為に18リットルの水が必要であることから，長距離フライトで使用される燃料と合わせて，これだけの水が使用されることとなる（UNEP and UN-WTO, 2012）。このような目に見えにくい水の使用，いわゆるバーチャルウォーター（仮想水）にも留意する必要がある。たとえば，1kgの牛肉を生産するのにその約20,000倍の水が必要であるとされ[11]（Sustainable Japan, 2017），こうした牛肉を輸入すればそれだけの水も輸入しているのと同じこととなる。そこでもし，バーチャルウォーターの使用を減らすために，観光地における地産地消を推進したとすると，今度はその農業用水のために地域における水資源が不足するかもしれない（Hadjikakou et al., 2013）。このように，単に目に見える水の消費だけが問題ではないことを理解し，間接的な水の消費も含め，その事業全体で消費・汚染された水の量を総合的に考えることが重要である。こうした負荷の総量を表す指標は，「ウォーターフットプリント」（解説7参照）と呼ばれているが，地球の持続可能性が問われる現代においては，観光産業が，地球上の水資源に与えるすべての影響を考慮していかなければならない。

解説7　ウォーターフットプリント

　ウォーターフットプリントとは，原材料の調達・生産，製造・加工，輸送・流通，消費，廃棄・リサイクルまでのライフサイクル全体で，製品やサービスの水利用に関する環境影響を定量的に評価したもの。水の消費量だけではなく，汚染量も算出する場合もあり，その製品やサービスによる水使用が潜在的に環境に及ぼす影響を総合的に表す指標となる。

　水資源の枯渇は，世界中の多くの地域で問題となりつつあるが，特に，リゾート観光地となることが多い小島嶼開発途上国（SIDs）やその他の島嶼地域においては深刻で，もともと水資源が少ない中，観光施設とその客が，地元住民以上の水消費をしている。このような地域では，しばしば海水の脱塩処理をして利用していることもあるが，結果的にこれが沿岸地域に過塩性の廃水をもたらすことがあり，その周辺環境の生態系に悪影響が及ぶ（UNEP, 2003）[12]。

　また将来的には気候変動によって，水の量も質も劣化していくことが予想され（Hadjikakou et al., 2013），多くの観光地において，観光産業の水利用と地域住民の水利用との衝突が激化すると言われている。そのような中，観光産業が求められるのは，できるだけその土地の水を使用しないための汚水処理技術，再利用技術の導入であろう。

4　資源の過剰利用と廃棄物

　観光における資源の過剰利用には，代表的なものに食物と水があるが，水については前項で取り上げた。その他の産品も含めて，よくある資源の過剰利用の例を表3-6にあげたが，これらはすべて過剰な廃棄物にもつながるし，地球環境問題の要因ともなっていることを留意しなければならない。たとえば林産物である紙は森林減少に影響を与え，また本章2でも述べたが，みやげ物には特定の動物の牙や貝なども良く使われるため，そうした種（生物）の減少に

表3-6 観光産業における資源の過剰利用の例

資源	商品やサービス（例）
林産物（紙）	ホテルで新聞や雑誌，リーフレット，チラシ，封筒等 ツアーオペレーターでパンフレット，チラシ等 みやげ物の紙包装
農産物	ホテル，レストランでの飲食物（特にバイキングなど）
その他生物資源	貝，植物，牙などを使ったみやげ品 ホテルなどの装飾用の花
加工品	ホテル客室のシャンプーほか，アメニティグッズ 客室の備品（砂糖，コーヒー，ティッシュペーパーほか） ホテル，レストランでのペットボトル みやげ物のプラ包装

出典：UNEP（2003）を元に筆者作成

直接影響を及ぼすことがある。さらに，さまざまな加工品で使用されるプラスチックなどは環境中に残留することが多く，動物の体内に残留したり，海洋汚染を引き起こしたりしている。これらはすべて，生物多様性の損失に加担していることとなる。特に，観光にとって重要な要素のひとつとなっている食物は，手付かずのまま捨てられるフードロスや残飯廃棄にみられるような過剰利用が多いのみならず，本章でみてきたように重層的な環境負荷を引き起こすので注意が必要である。[13]

また，あらゆる産品は，生産から消費まですべての過程において，エネルギーや水の使用があるため，過剰利用するということは，総合的にカーボンフットプリント（解説6参照）およびウォーターフットプリント（解説7参照）といった環境負荷が高まっていることも忘れてはならない。このようなフットプリントの試算については，しばしば理解の違いによる誤差が生じたりするため正確ではない，との批判もあるが（Garrod, 2015），ある資源利用の背景には，目に見えないものでも大きい環境負荷があることを理解する上では，非常に有効であろう。

さらに，観光産業でもたらされる廃棄物は，「観光＝ゴミ問題」と言えるほど，かつてより問題視されてきた。今後の観光業の拡大を考えるとやはり大き[14]

な課題となることは間違いない。ヨーロッパにおける1人のインバウンド観光客が1日に出すゴミの量は，少なくとも1kgあると見積もられ，これがアメリカになると2kgに達すると言われている。廃棄物の総量をみるには，国内の観光客によって生み出されるゴミも注視しなければならないが，フランスでは，国内観光客による廃棄物は，インバウンド観光客と大きな違いは無い。しかし，個々人が旅行中に出すゴミは，日々の生活で出すゴミより多いことがわかっている。たとえば，フランスのリゾート観光で1人の観光客が出すゴミは，フランス国民の日常的なゴミの排出量より25％あまりも多くなっていると試算される（UNEP, 2003）。旅行というものが人々のライフスタイルの一部となってきた現代においても，やはり，多くの観光形態は非日常を求め，顕著な消費行動を促す現れであろう。

このような廃棄物を減らすためには，まず前述の"過剰利用"を無くすことが大前提となる。また，廃水同様，有害化学物質を含んだ廃棄物による環境汚染も注意しなければならない。

以上にみてきたように，すでに危機的な状況にある地球環境に，観光産業は，目に見えるもの，見えないものを含め，さまざまな負荷をかけている。地球環境への負荷，ということは，それぞれの地域にも多大な負荷をかけているということだ。危急的に求められる持続可能性を考えると，まずこうした負荷を削減し，観光産業が環境保全に貢献していく形をとっていくことが，重要な施策であろう。次章では，こうした視点からサステナブルツーリズムの実践について考えていく。

注
1) Crutzen and Stoermer（2000）は，産業革命以降，全球的な生態系や気候を変えてしまうほど，人類の影響が大きくなっていることから，更新世の次の地質時代を"人類の時代"という意味のAnthropoceneと名付けた。
2) この指数を，「生きている地球指数 Living Planet Index（LPI）」という。詳細は図3-1参照のこと。

3） このように計算した環境負荷を「エコロジカルフットプリント Ecological Footprint（EF）」という。詳細は図3‐2および**解説3**を参照のこと
4） 食品ロスとは，手付かずのまま廃棄される食品をいう。
5） Steffen et al.（2015）は，さまざまな科学的検証から，いよいよ「地球の限界」が近づいていることを示す試みを行った。それによると，気候変動や生物多様性の損失，地球の物質循環（窒素やリン），土地利用の変化などについては，すでに持続可能である安全なレベルを超えていることが示された。WWFの「生きている地球レポート」同様，人間活動が地球のキャパシティを超えてしまっていることを示唆するものである。
6） これらの二大地球環境問題については，**解説4，5**参照。
7） 生物多様性には，生態系の多様性，種の多様性，遺伝子の多様性という3つの多様性が含まれる。詳細は，**解説5**参照。
8） IUCNによる「絶滅のおそれのある種のレッドリスト」は，世界中の野生動植物種の状態を，科学的な調査と結果に基づいて評価し，絶滅の危険性のレベルを記したリスト。地球上の生物多様性の状況を知るひとつの指標となる。
9） **解説5**「生物多様性の損失」参照。
10） その土地ならではの自然資源は，よくおみやげ物として利用される。代表的なものには，牙，歯，骨，皮，などの動物由来のもの，あるいは木，草，樹液，オイルなどの植物由来のものがある。
11） 穀物を1kg生産するために大量の水を必要とするが，牛はその穀物をさらに大量に消費して育つため，このような試算が成り立つ。小麦を1とすると，鶏肉はその2.25倍，牛肉は10倍の水を消費していると言われる。
12） 脱塩処理とは，海水を真水にするために，塩分を取り除く処理をすることであるが，そのプロセスが適正でないと，高濃度の塩分が一部分に集積してしまうことがある。
13） 食物を採取，栽培，生産することは，様々な環境負荷がある。たとえば農業のための土地の改変，化学肥料散布，魚の獲りすぎ，バーチャルウォーターの使用，CO_2の排出などである。（本章2‐1，2，3を参照のこと）
14） 廃棄物には，固形廃棄物と廃水があるが，廃水については前節でとりあげた。

SUSTAINABLE TOURISM

第4章 有限な地球におけるサステナブルツーリズムの実践

何を学ぶか？

前章でみてきた，現在の地球の状況と観光が生み出している負荷を留意した上で，有限な地球で求められるサステナブルツーリズムの実践を学ぶ。ここでは特に，急務とされるグリーンエコノミーへの転換を鑑みて，環境的持続可能性に重点をおいて解説していく。より具体的に施策をイメージできるように，多くの実例も紹介する。

1 | 必要不可欠なグリーン施策

第3章でみてきたように，地球にかかる負荷を表すエコロジカルフットプリントは，1970年代後半から地球1個分を越えた。さまざまな科学的調査がこうした状況を明らかにするに従って，「持続可能な開発」のためには，環境保全を最優先としたグリーンエコノミーへの転換が急務となっている（第1章3参照）。図4-1は，これまで学んできたものをふまえ，増え続けるエコロジカルフットプリントと，世界が目指す方向性との関係性，またそれぞれの時代で観光産業に生まれてきた概念を時系列に示したものである。図4-1にあるように，現在世界がグリーンエコノミーへの移行を目指す中で，"観光と気候変動""観光と地球環境"というものは重要な課題となっている。本章では，特にこ

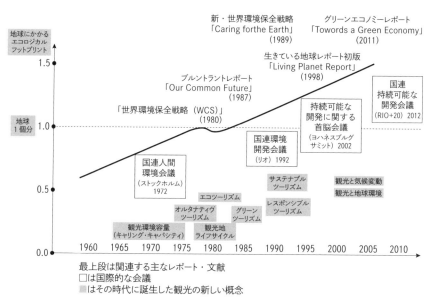

図4-1　地球にかかる負荷（エコロジカルフットプリント）からみた「持続可能な開発」の変遷と，関連する観光産業での新たな概念

出典：Hall et al.（2015a）に筆者加筆

表4-1　持続可能なライフスタイルのためにやるべきこと

「持続可能なライフスタイル」のためにやるべきこと、として頻繁に言及される12の行動（言及の多い順）
■庭で家庭消費のための食物を育てる
■リサイクルを徹底しゴミを減らす
■自家用車の使用頻度を減らし、自動車の相乗りや公共交通、自転車、徒歩に切り替える
■エネルギー効率の良い家電を導入する
■家庭の電源を再生可能エネルギーに切り替える
■生ゴミはコンポストにする
■エネルギー効率の良い照明にする（LEDなど）
■非毒性の家庭用品、化学製品を使用する
■肉の消費を減らす、あるいはベジタリアンになる
■生活を簡素化する
■電気を消す
■冷暖房の使用を減らすような家の設計にする

注：世界中のNGOや政府や教育機関などのウェブサイトにおいて、多く言及されている行動原則の上位を抽出した。
出典：Moscardo (2013) を筆者翻訳

こに焦点を当てて、有限な地球におけるサステナブルツーリズムの実践を考えてみる。

　少し余談になるが、一般的に「持続可能なライフスタイル」にはどのようなことが求められているのか表4-1に紹介した。これらは、世界中の政府やNGO、教育的啓発に関連する組織のウェブサイトの情報から、もっとも頻繁に言及されている上位12の行動である。実は直接的、間接的にサステナブルツーリズムにもそのまま当てはまるので、実践のイメージがつかめるのではないだろうか。次節からは、低炭素、自然共生、持続可能な消費と生産といった、サステナブルツーリズムに不可欠なキーワードをもとに、その実践方法を解説していく。

1　低炭素型観光

　世界的な流れをリードするEUの気候変動政策によって、同地域の温室効果ガスを排出する交通手段は全般的に値段が上がると考えられ、このような政策は今後次々と他の国でも取り入れられていくだろう（Gössling et al., 2009）。そ

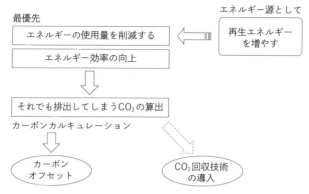

図4-2 低炭素型観光の実現プロセス
出典：筆者作成

のことを考慮しても、観光が重要な産業となっている国々は、より低炭素な観光産業へと転換していくことが求められている。そもそも気候変動の緩和策には、国別の CO_2 排出量削減、排出権取引[1]、税政策、最新技術の導入、インフラ整備、個々人の行動変革など、さまざまな施策を統合して並行的にやっていく必要がある。同じように観光業界においても、気候変動への対処としてひとつの問題に焦点を当てるのではなく、あらゆる手段を取り入れなければならない。業界全体として温室効果ガスの排出を減らしていくためにやるべきこととして、①エネルギーの使用を減らす（省エネ）、②エネルギー効率を向上させる、③再生可能エネルギーの使用を増やす、④ CO_2 の回収・貯蔵をするといったことが求められている。これらの優先順位は、図4-2のようになるが、すべてを危急的かつ同時に行っていく低炭素型観光を実現していかなければならない。後述するように、このうち④に該当するカーボンオフセットのみを取り入れている事業者なども多いが、それは根本的な問題解決にはならないので、ここでは上記の①〜④のすべてを同時に実践すべきであることを強調したい。

① エネルギーの使用を減らす（省エネ）

エネルギーの使用を減らすことは、大型ホテルなどでは取り組まれてきてい

るが，UNWTO and UNEP（2008）は，「もっとも基本的な気候変動緩和策として，観光地，ツアーオペレーター，旅行者などすべてのステークホルダーがそれを意識して実施していかなければならない」と強調している。多くの場合，結果的にこれがコスト削減につながるため，観光業界全体にもメリットがあると言えよう。まずは，いかなる事業者も，事業全体の運営プロセスにおいて，節約できるエネルギーがないか十分に精査することから始められる。

　飛行機や個人乗用車の使用をできるだけ列車や長距離バスなどに切り替える，ビジネスツーリズムにおいては，最新の技術を利用してビデオカンファレンスなどに切り替えるといった例はよくある簡単な実践例であるが，さらに，以下の指摘にあるように旅行会社が低炭素な施策を推進していくことができる。

> **こうしたプロセス（低炭素化）において特に重要な役割を果たすのが，個々の観光商品をパッケージとしてとりまとめ，それを宣伝し販売する旅行会社である。また，旅行会社は，観光客1日あたりのカーボンフットプリント（解説6参照）を減らし，観光地の経済的利益を増やせるように，できるだけ滞在日数が長い商品を増やしていくこともできる。（中略）総合的に見て，旅行会社は，観光客のニーズや要望に沿うような"低炭素型旅行"の需要を作り出す影響力を持っている。（UNWTO, UNEP and WMO, 2008: 35）**

　上記で提案されているように1回あたりの旅行の滞在日数を増やすことは，長距離移動によるエネルギー使用の回数を減らすと考えられている。ただし，この実現には，長期滞在型旅行が促進されるような休暇政策も必要となってくるだろうし，むろん，滞在先でのCO_2の削減も合わせて実施する必要がある。しかし長期滞在型旅行が促進されていった場合，次のようなメリットもある（Peeters et al., 2009）。

- ランドオペレーターや旅行会社にとっては，旅行者1人あたりの収益が増える
- 宿泊施設にとっては掃除やリネン類の洗濯回数，チェックイン・チェック

アウト時の手間などさまざまな業務が減り，滞在先における省エネとコスト削減につながる
- 地域社会においては，地産地消を始めとしてさまざまなビジネスチャンスが生まれる

また，ホテルやレストランなどでは，洗濯機や食器乾燥機の使用回数を減らしたり，人がいないときは電気が消える電灯や，カードキーによる客室制御システムを導入することで，エネルギーの使用を減らしている事例は世界各地で広がっている。

② エネルギー効率を上げる

第3章2-1でみたように，航空業界は観光産業においてCO_2排出の最大要因となっているが，その負荷の大きさもあり，早くからさまざまな努力をしており，特にエネルギー効率を上げることは最優先で取り組んできた。将来的に，CO_2を排出しない航空業界を目指してICAO（International Civil Aviation Organization：国際民間航空機関）が打ち出しているのは，

・市場メカニズムの利用（排出権取引）
・機体の軽量化
・路線ルートの効率化
・代替燃料

である。これまでにも業界全体として，機体の軽量化，改良等に取り組んできており，実際に前世紀から比べると70％も燃料効率は上がっていると言われる（UNEP and UNWTO, 2012）。しかし，世界全体でみると，航空機の発着総数は増大し続けているため，全球的なCO_2の排出量は減っていないので，今後さらに，路線ルートの効率化も推進していく必要があろう。

ホテルなどでは，照明をすべてLED電灯に切り替えたり，冷暖房設備を始めとしたすべての電気機器を，エネルギー効率の良い最新型のものに切り替えたりすることが多い。

③ 再生可能エネルギーの使用を増やす

再生可能エネルギーの使用を増やしていくには，さまざまな施策を重層的に実施していくことが必要である。日本でも早くから宇奈月温泉（富山県）などが，"エネルギーの地産地消"を目指して，地熱発電や小水力発電を利用した温泉地づくりに取り組んでおり，温泉街を走る車もこうした再生可能エネルギーによるEVバスなどを導入している。また，日本で主にエコツーリズムと持続可能な地域づくり訪問ツアーなどを提供している旅行会社リボーンでも，回収された廃食油によるバイオディーゼル燃料で走る「天ぷらバス」をツアーに導入したりしている。イギリスでは，ロンドン市内でも屋上に設置したソーラーパネルによって自家発電をしているホテルなども増えている。このように，小規模発電による再生可能エネルギーの利用は，観光業界でも増えつつあるが，より環境負荷の高い大型施設や大規模リゾート地などでは，自家発電でまかなえない分はグリーン電力を購入する，などの努力が必要である。

ただし，ソーラーパネルや風力発電機の設置は，しばしば景観および生物多様性に悪影響を与えることがあるので，設置の規模や場所については，十分事前にアセスメントを行うことが重要だ。[2)]

④ CO_2の回収・貯蔵をする

CO_2の回収として，近年，観光事業においてもカーボンオフセット（解説8参照）などの市場メカニズムを取り入れているケースは増えている。しかし，カーボンオフセットは，排出したCO_2の量を換算して，他の場所でのCO_2吸収を促進する事業（森林再生や自然エネルギー事業）に投資することで，間接的にCO_2を吸収するものであるため，根本的に自ら"CO_2の排出量を削減し

なければならない"という動機を弱めてしまう危険性がある。つまり，こちらで出してもあちらで吸収してもらえばいい，という考えに陥りがちになるのだ。また，たとえばある観光事業者がヨーロッパ行きの旅行で排出したCO_2の量をオフセットするために，ニュージーランドでの森林再生事業に投資したとしても，同じ太平洋州で海面上昇の影響を受けて沈もうとしているツバルの人々を救うことはできない（Broderick, 2009）。観光産業の急速な拡大を考えると，あくまでカーボンオフセットのような施策は補助的なものとすべきで，第一に目指すべきなのはCO_2を代表とする温室効果ガスの排出量削減であり，そのためには，事業者および旅行者の行動様式の変革が必要であろう。

解説8　カーボンオフセットとは

カーボンオフセットは，人間の生活や経済活動において，ある場所で排出されたCO_2を，他の場所での植林，森林保全，再生可能エネルギー事業などの削減事業に投資することで，排出量を相殺するというもの。基本的には，まず排出量の削減努力をすることが大前提である。

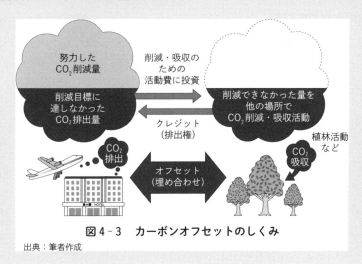

図4-3　カーボンオフセットのしくみ

出典：筆者作成

つまり図4-2に示したように，カーボンオフセットは最優先事項ではなく，最終的にどうしても排出してしまった分を回収するためにやったほうがいい，という施策である。気候変動についてさまざまな科学的議論が続いているのと同様に，どのような方法でCO_2の排出量を計算（カーボンカルキュレーション）するのが最良なのか，ということについても，まだ検証と議論は続いているが，限りなく信頼性の高い方法は確立されつつある。そこでICAOでも，近年Carbon Emission Calculator（CO_2排出量計算機能）[3]をウェブサイト上に導入し，誰でもすぐに，自分のエアトラベルにおける排出量を計算できるようになっている。

ただし，現段階では，これらの計算機能を個人で自ら使おうとするのは，かなり環境に対する意識が高い人たちに限られるであろう。そもそも，ほとんどの旅行者はこのような計算機能の存在すら認識していない。そのため，このような仕組みを利用して，旅行会社やツアーオペレーターが，特に飛行機移動などで排出してしまったCO_2については旅行者にリマインドし，その排出量をカーボンオフセットによって相殺することを必然的に組み込むなどの役割を果たすことが重要である。

また，個人予約の旅行者でも自分の旅行がどれくらいのCO_2を排出しているのかがわかるように，さまざまな観光取引においてカーボンラベリング（解説9参照）を導入していくことなども今後は期待される。

解説9　カーボンラベリング

　ある旅行でどれくらいのCO_2を排出しているのかわかるようになったら……これは，旅行者ひとりひとりへの啓蒙になると同時に，旅行代理店やツアーオペレーターが個別の交通機関，宿泊施設，アクティビティなどを選択して組み合わせる際に考慮する材料となり得る。

　家庭で使用する電気機器に，エネルギー使用量やCO_2排出量をラベリングすることはすでに多くの事例があるが，フランスでは2006年から自動車にも同じよ

うな取り組みを行っている。Dubois and Ceron (2009) は，観光業においても，たとえばまず，それぞれの飛行機のチケットに温室効果ガスの排出量が記載されるようにするなどの工夫を提案している（図4-4）。

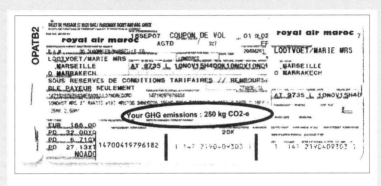

図4-4　飛行機チケットへのカーボンラベリング
出典：Dubois and Ceron (2009)

　実際に，スウェーデンでの事例によると，AからBへ同じ距離を移動する際にも，飛行機会社によって図4-5のようなエネルギー消費の差（すなわち，CO_2排出量の差）がある。このような情報がカーボンラベリングとして旅行者に提供されるようになると，同じ場所に行くのであればよりCO_2排出量の少ない飛行機を選ぶという個人もいるであろう。

　現在，ツアーオペレーターや旅行会社においては，CSRとしてカーボンオフセットを謳っている場合でも，その前段階として重要である"エネルギー使用の削減"や"エネルギー効率の追求"（図4-2）についての施策はみえてこないことが多い。たとえば気候変動対策に先進的なイギリスでも，同国のインディペンデントツアーオペレーターの協会であり，15年以上も"サステナブルツーリズム"を掲げてきたAITO（The Association of Independent Tour Operators）が提供しているツアーで，気候変動への対応としてカーボンオフセットしか見受けられない（Peeters et al., 2009）。将来的には，「GDSなどの予約コン

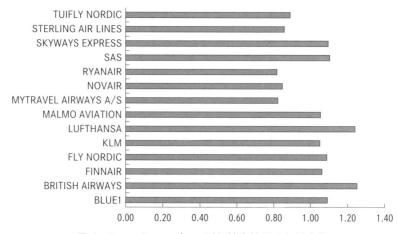

図 4-5　スウェーデンの飛行機会社別 CO_2 排出量
注：1 シートあたり 1 キロメーター進む場合
出典：Dubois and Ceron (2009)

ピューターシステムも，温室効果ガスの排出を同時に算出できるように改善されるべきで，旅行会社がそれを使って，より環境に優しい交通手段を利用したツーリズムを提案できるようにしていくべき」(UNWTO, UNEP and WMO, 2008: 10) との指摘もあるが，これが実現すれば格段に状況は変わるだろう。今のところまだ，CO_2 の排出の少ない交通手段を選んだり，長期滞在をしたり，省エネや再生可能エネルギーを使用した宿泊施設を選んだり，といった総合的に「低炭素」な旅行商品はまだまだ少ない。今後の課題としては，エネルギー使用の削減と効率化を最優先で取り組んでいること，またその上でカーボンオフセットも行っていることを観光客に見せられるかどうかが，重要である。そのような包括的な努力とプロセスを見せることができたら，本来の低炭素型観光の実現に近づくのみならず，観光客に向けての効果的な環境コミュニケーションとなり，ひとりひとりの意識の高まりも期待される。

たとえばドイツの環境・社会配慮型ツアーオペレーター協会である Forum anders reisen では，提供されているパッケージツアー全体の CO_2 排出量を掲出している。この場合は，旅行者が求めるさまざまなニーズによって，必ずし

もCO_2排出量がもっとも少ないツアーが選ばれる，という簡単なことにはならないであろうが，むしろツアーオペレーター自身が，ツアーコンテンツごとのCO_2排出量を学ぶことによって，他社との差別化を図った環境配慮型ツアーの創造ができることにメリットがある。Forum anders reisen のツアーオペレーターは，"サステナビリティ"の追求は，旅行商品開発の重要な一部分であると考えているという。協会では，独自の持続可能性基準を設けており，たとえば小型飛行機しか交通手段がないような行き先以外では，700 km 以下の移動はすべて飛行機を使わない，また観光地での滞在は中期から長期とする，旅行中に排出してしまったCO_2の量については旅行者にカーボンオフセットをしてもらう，などを取り決めている (Dubois and Ceron, 2009; Peeters et al., 2009; Strasdas, 2009)。むろん，このような旅行形態は，鉄道が発達していて，長期休暇もとりやすいドイツだからこそ可能な施策かもしれないが，各国においてその地域にあった形でこうした努力をしていくことが重要である。

以下に紹介するドイツの大手旅行会社であるトゥイの事例（ケーススタディ3）は，低炭素のための包括的な取り組みを実践しているものである。また，オーストリアのアルパイン・パールズの事例（ケーススタディ4）は，EU 内の各国をまたいで，自治体同士が協力してCO_2排出の少ない交通手段による観光を提供しており，広域での低炭素型観光地を創出していく参考になる。

ケーススタディ3

トゥイグループ（TUI Aktiengesellschaft）

多数の子会社を持つドイツの大手旅行会社トゥイは，その事業規模の大きさもあり「持続可能な観光と経営」のための戦略をさまざま実践してきた。特に，気候変動への対応は早く，1990年代初頭から専門家や政治家，民間セクター，市民などからさまざまな意見を収集し，"トゥイグループ気候変動戦略"を策定し，グループ全体で実践している。たとえば以下のような戦略が明示されている。

1．航空
- トゥイエアラインからのCO$_2$排出削減を実現する（数年ごとに具体的な数値目標設定）。
- トゥイエアラインとトゥイの代理店を利用する旅行者は，飛行機の予約時にカーボンオフセットする。2009年から導入されたこのスキームでは，観光客の予約料の6％がカーボンオフセットに回される。
- EUの政策により，航空機運用も"EU排出権取引システム"の対象となるため，トゥイグループでは，すべての航空業務においてこの新たな規制に従う。
- トゥイグループの航空機は，順次エネルギー効率の良い新しい機体へと切り替える（数年ごとに具体的な数値目標設定）。
- 30にのぼるさまざまな技術的，革新的方法を導入し，エネルギー効率の向上と温室効果ガスの排出を削減する。

2．ホテルとリゾート
　トゥイグループのホテルとリゾートは，地球温暖化の防止に取り組むため，エネルギー消費を削減し，再生可能エネルギー使用の割合を順次拡大していく。具体的には：
- ロビンソンクラブホテルでは，省エネ型電灯と再生可能エネルギーを導入した。またエネルギー効率のよい屋内電気機器を導入し，冷暖房も効率良く調整するシステムを導入した。
- ロビンソンクラブ　アマデ（オーストリア）では，最新技術を導入してバイオマスによる発電を利用したカーボンニュートラルなエネルギー[*1]を導入し，暖房とお湯の提供はすべてこの再生可能エネルギーによってまかなう。バイオマスは，地域の森林から出た木屑で，地元の農家から提供される。
- グレコテルホテルでは，ソーラーパワー（太陽光発電）を導入し，暖房とお湯の提供に利用している。クレタ島（ギリシャ）のホテル・エル・グレコでは，海水を使った冷房設備を導入し，化石燃料の使用を削減する。
- イベロテル・サリジェルメ・パークは，世界で初めてパラボラ型ソーラーパネルを導入し，ホテルの冷暖房とお湯の提供に利用している。

3．船旅（クルーズ）
　トゥイグループのクルーズ運営は，海洋生態系と気候を守るために，さまざ

な手法を取り入れている。船舶に最先端の環境技術を導入し，また，北極・南極におけるクルーズでは重油ではなくディーゼルを使っている。さらに同業者にも，同じような施策を薦めている。北極圏，南極圏でのツアーオペレーション規則を遵守し，クルーズ船のスピードを調整することで燃料の使用も抑えるようにしている。

4．代理店とツアーオペレーター

・700あまりに及ぶトゥイグループの旅行代理店は，積極的に"グリーン電力"を購入している。特に，北欧地域のほとんどの支店と，イギリスの230の支店が再生可能エネルギーを利用している。
・ドイツの鉄道会社と連携して，トゥイの飛行機を利用した旅行者は，自動的に自分の最寄りの駅から空港まで，あるいは空港から駅までの鉄道切符が含まれるようになっている。
・トゥイグループあるいはトゥイと取引のある多くのツアーオペレーターが，カーボンオフセットを行っている。

　＊1　カーボンニュートラルとは，何かを生産したり，一連の人為的活動を行った際に，排出されるCO_2と吸収されるCO_2が同じ量である，という概念。たとえば，何らかの製品やサービスを生産した際に排出したCO_2と同量のCO_2を回収したり，CO_2吸収源でもある植物から作るバイオマスエネルギーを使うことで，エネルギー利用の際のCO_2排出を相殺することなど。

出典：UNEP and UNWTO（2012）を筆者翻訳

ケーススタディ 4

アルパイン・パールズ

　アルパイン・パールズ（アルプスの真珠）は，オーストリアのザルツブルク州ヴェルフェンヴェング村（Werfenweng）に拠点を置く，環境に優しい交通手段（ソフト・モビリティー）を利用したツーリズムを推進している国際NGO。オーストリア，ドイツ，イタリア，フランス，スロベニアおよびスイスの計21の自治体が加盟している。各加盟自治体はアルプス地方のパール（真珠）と呼ばれ，ア

ルパイン・パールズという名前の由来となっている。持続可能性を最優先で考慮し，環境に負荷のかかる交通手段を最大限に排除し，景観維持，自然保護，再生可能エネルギーの供給，ごみ削減や地域産物の活用を促進するような国境を越えたソフトモビリティツアーを提案している。EU 諸国をはじめ，州，自治体，経済界，交通業界，環境・ツーリズム団体，交通機関（バス・鉄道等），旅行会社と協力して活動を行っている。

第 4 章 有限な地球におけるサステナブルツーリズムの実践　101

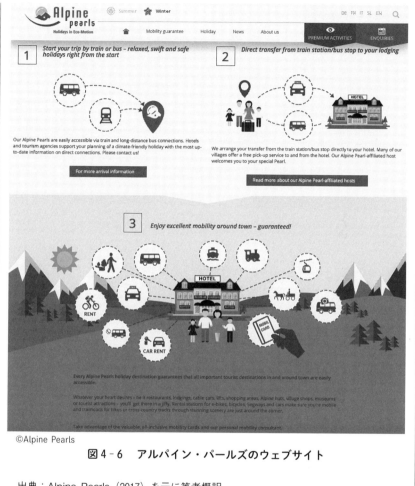

図 4-6　アルパイン・パールズのウェブサイト

出典：Alpine Pearls（2017）を元に筆者概訳

2　自然共生型観光

そもそも自然保護を目的として誕生したエコツーリズム（解説1参照）は，自然共生型観光の代表であり，その分野では保護区の管理，観光客や観光行動の規制，といった施策が発展してきた。ただし自然共生とは，より広い意味で，観光産業全体が生物多様性の保全に配慮していくことを意味し，エコツーリズムだけに限ったものではないということを，まず理解しなければならない。最初に述べたように，本書ではエコツーリズムの専門的な実践については割愛しているが，そこで進んできたさまざまな施策は，すべての観光に取り入れられるものも多くある。逆に，エコツーリズムの分野であっても，下記の①については留意されていないことも多い。

自然共生のためにやるべきこととして，①生物多様性に悪影響を及ぼすさまざまな活動，製品はできる限り避ける，②観光活動（レクリエーションなど）による生物多様性への影響を最小限にする，さらに③生物多様性の保全に積極的に貢献する，といったことがある。①については，持続可能な消費と生産や，廃棄物と廃水管理などに深く関わるので，次項でも詳しく触れるが（第4章1-3，1-4参照），まず観光プロセス全体を通して生物多様性への配慮をすることが重要だ。第3章で学んだように，生物多様性への影響は直接目に見えないことも非常に多くあるため，むしろ"あらゆる観光活動が生物多様性に影響を与えている"と考えたほうがよいだろう。

①　生物多様性に悪影響を及ぼすさまざまな活動，製品は避ける

解説10で紹介するのは，ひとつのホテルがライフサイクルを通して留意すべき生物多様性への影響である。たとえば，多くの野生生物が生息する熱帯林を伐採して大型リゾートホテルを作る，などは最も直接的に生物多様性に影響を与えるため，十分な環境アセスメントが必要であるが，実はそれだけではなく，日々の経営から閉鎖まで含めて多くの点に気を配らなくてはならない。観光産業のすべての製品やサービスが，同様のプロセスに留意する必要がある。

解説10　ホテルと生物多様性への影響削減

　ホテル営業は計画段階から閉鎖まで，そのライフサイクルの各段階で生物多様性に影響を与える（図4-7）ため，それぞれの段階で配慮が必要である。たとえば，建設段階での影響などについては，基本的に建設会社が気をつけるべきことだ，という考えもあるかもしれないが，やはりその地域で事業を計画し実施していくホテル側が責任を持って精査・発注していくことが重要である。

図4-7　ホテルのライフサイクルと生物多様性への影響

　1．計画段階：生物多様性への悪影響を排除する上でもっとも重要な問題は，まず建設用地と設計に関する選択である。もっとも持続可能な形でホテル経営が成されたとしても，そもそも生物多様性が影響を受けやすい場所に建設してあったとすれば，その努力は無駄になるほど大きな負荷を与えるため，十分な環境アセスメント[*1]が必要。また，ホテル建設に使う資材，資材の原産地，ホテルの専有面積に関する選択なども，営業段階の影響の度合いを左右するため，事前の調査

と計画が欠かせない。

　2．建設段階：影響を決定するのは，造成のために開墾される土地と建設作業を行う場所の面積と位置，建設方法の選択のほか，使用する資材・水・エネルギーの供給源・量・タイプも関係する。さらに見逃されがちであるが，建設作業員の仮宿泊施設の設置場所，不適切な建設資材保管施設なども影響し，また処分が必要な建築廃材の量，建設作業により引き起こされる表土の流出と圧縮，自然な水流・排水パターンの妨害などの被害もある。これらすべてに十分留意するよう，建設会社への指示が重要となる。

　3．営業段階：この段階でホテルが与える影響は，主にホテル経営で消費されるエネルギー，水，食物その他の資源によるもので，ホテルから出る固形廃棄物と廃水，敷地管理方法，利用客が直接与える影響などが原因となる。それに加え，定期的な改装や家具・器具・設備の交換も影響を与える。エネルギーと水のより効率的な使用，持続可能な形で生産された食材の使用，適切な廃棄物の処理と処分，持続可能性を考慮した調達方針，自然なスタイルの植栽を使った庭園管理[*2]，これらすべてが，ホテルによる生物多様性への悪影響の軽減に役立つ。同じく，ホテルと周辺住民との関係も，ホテルの持続可能な経営だけでなく，地域住民自身による環境資源の利用法，環境保全意識に影響を与える。すなわち，ホテルが持続可能な資源利用をしていれば，地域住民にも意識の向上が期待できる。

　4．閉鎖段階：ホテルの改築，別用途への転換，解体，こうした活動に関わる作業により影響が発生する。再利用とリサイクルが可能な資材もあるが，特に古い建物の場合など，有害化学物質が出ることもあり，慎重な取り扱いと管理が必要である。また，すべての取り壊しが終わったあと，より責任あるホテル経営としては，その土地の生態系を回復する活動を支援すること（たとえば植林や外来種駆除など）も視野に入れておくべきである。

　*1　環境アセスメント（環境影響評価）とは，ホテル，道路，空港など大規模な開発事業による環境への影響を事前に調査することによって，予測，評価を行う手続きのこと。一般的には，その結果が一般市民にも公開され議論されることとなっている。

　*2　その地域にもともとある在来種を使用することが望ましい。

> 参考：たとえば以下のようなホテルの建設用地決定，設計，建設に関するガイドラインなどもある。
> Green Hotelier: Sustainable Hotel Siting, Design and Construction
> (http://www.greenhotelier.org/category/our-manuals/sustainable-siting-construction-and-design/)
>
> 出典：IUCN（2008）を元に筆者作成

② 観光活動（レクリエーションなど）による生物多様性への影響を最小限にする

観光活動全般が生物多様性与える影響は，主に製品やサービスの提供と消費に関連するので，前述①や，第4章1-4の「持続可能な生産と消費」が主要施策となるため，それらを参照してほしい。一方，直接的に生物多様性に多大な影響をあたえる観光活動は主に自然エリアで行われるもので，たとえば，ダイビングやビーチ利用などのマリンアクティビティ，登山，釣り，キャンプなどのアウトドアレクリエーション，野生生物観察，などがあり，こうした活動では観光客の管理が欠かせない。そのために良く取り入れられる手法は以下のようなものである。

・観光客（利用者）の人数を制限する
・滞在期間，滞在時間を制限する
・立ち入りできない区域を設ける
・規制や禁止事項の情報を十分に観光客に与える
・ピークシーズンには利用料を高く設定する
・観光客がゴミを出さないように指示する（たとえばゴミを持ち帰るなど）
・持ち込んではいけないものを指示する
・専門的なガイドをつける（案内役，監視役となり，インタープリターとも呼ばれる）
・その地域の自然環境と保全について，事前に十分に観光客に周知する（パ

ンフレット,ウェブサイト等にて)

このような施策は,エコツーリズムでは当然のこととして,かなり詳細な実践が進んでいるが,その他の観光でも取り入れていけるものである。また,このような管理を実践していくにあたっては,第2章3-3で学んだ"変化の許容限界(LAC)"の考え方も導入していくと良い。いずれにしても,自然の中で観光活動をするに当たっては「野生生物たちが生活している場所に入っている」,ということを忘れてはならない。

③ 生物多様性の保全に積極的に貢献する

エコツーリズムは,たとえば自然保護の資金を観光から得るなど,その観光形態そのものが生物多様性の保全に貢献するように設計されるが(解説1参照),それ以外の観光産業でもさまざまな形で積極的貢献ができる。たとえば,各事業者が収益の一部で,地域の自然保護活動を支援する,あるいは事業者自身が自然保護活動を行う,といったことがある。世界各地には,このような事例が多くみられるので(ケーススタディ5,6),事業者が自身の規模にあった形で,できることから実践していくことが望ましい。

しかし,前述①のような生物多様性に与える負荷を最大限なくす努力が同時になされていなければ,「事業そのものにおいては生物多様性に多大な損失を与えている一方で,自然保護活動をしている」という矛盾が生まれ,いわゆる"グリーンウォッシング"(解説1注1参照)となるので注意が必要だ。

また,観光が生物多様性の保全に貢献する上で,"二次的自然の積極的な利用"も重要な要素である(解説11参照)。一度人が手を入れた二次的自然は,長年にわたる人との関わりでその自然環境が作られているため,人が手をかけることで美しい景観とそこでの生物多様性が維持される。しかし近年,世界中のこうした地域で,過疎化や高齢化,後継者不足などによって,二次的自然が放置されることが多くなっており,景観の悪化や生物多様性の損失につながって

いる。このような田園風景，農村風景を守っていくために，グリーンツーリズム，スローツーリズム，体験型観光，などを持続可能な形で推進していくことが求められる。

ケーススタディ 5

オーストリアのアコーホテルグループによる"コウモリホテル"

　2007年以来，オースリアのアコーホテルグループは，生物学者と協力して，コウモリ保護プロジェクトを進めてきた。コウモリはよく悪者扱いされるが，実際には，蚊を食べてくれるなど役に立つ益獣である。オーストリアには25種のコウモリが分布しているが，都市の拡大によってコウモリの自然生息域が減少しているため，アコーホテルでは保護活動を始めた。

　各ホテルが，木箱のシェルター作り，それを「コウモリホテル」として町外れの森に設置した。数ヶ月後，プロジェクトの生物学者によって，数個のシェルターにコウモリが住みついたことが確認された。1年後には，生物学者と一緒に，1軒のホテルあたり約6〜7名のスタッフがボランティアとして子供たちを連れて地域の森を訪問し，洞窟探検によってのコウモリの自然生息環境を学ぶとともに，2007年に設置した「コウモリホテル」を清掃した。わずかなコストでできるこの活動には，アコー・ホスピタリティ基金が資金を提供した。

　出典：IUCN（2008）を元に筆者概訳

ケーススタディ 6

軽井沢の星野リゾートから生まれた NPO法人ピッキオ

　ピッキオは，軽井沢を拠点に野生動植物の調査研究および保全活動を行うと共に，自然の不思議を解き明かすエコツアーや環境教育を行っている団体。"エコ

ロジカルな運営"を目指す星野リゾートは，1992年から「野鳥研究室」を設立，その後活動の幅が広がり現在の「ピッキオ」となった。これまでに，絶滅が危惧されるツキノワグマの保護管理，外来種であるアライグマの駆除，なども自然保護NGOらと協力して支援してきた。また，軽井沢の自然を活かした環境教育型のツアーも数多く提供している。

出典：森のいきもの案内人ピッキオ（http://picchio.co.jp/sp/about/concept/）を元に筆者作成

解説11　二次的自然と観光

　二次的自然には，里山，棚田，二次林，ワイン畑，などさまざまなものがあるが，このような人の暮らしと自然が一体となった景観は，世界中で良い観光資源となっている。世界遺産になっている地域も多く，たとえばスイス・レマン湖北岸ラヴォー地区のワイン畑，イタリア・トスカーナ地方のヴァル・ドルチアの田園風景，インドネシア・バリ島のジャティルイ棚田，キューバ・ヴィニャーレス地域のタバコ畑などがあり，いずれも伝統的な農法と自然が溶け込んだ独自の景観を作っている。このように，人と自然の関わりが長い歴史を持つ景観は，"文化的景観（Cultural landscape）"と呼ばれ，世界遺産条約においても重要な遺産とされる。いずれの地域も，近代化による生活スタイルの変化などから，こうした伝統的な第一次産業に関わる後継者が不足しており，二次的自然を保全していくためにも，観光の役割が期待される。実際に，地域の暮らしと自然の特色を良く表すこうした景観は，インバウンド観光客には魅力的なものであり，観光によるその地域の活性化や，体験型観光によってその農法に直接関わるなど，多くの成功事例がある。日本でも，飛騨高山地方が里山景観を利用して，SATOYAMA EXPERIENCE（https://satoyama-experience.com）という着地型観光を行っており，外国人から人気が高い（図4-8）。

第4章 有限な地球におけるサステナブルツーリズムの実践　109

©SATOYAMA EXPERIENCE
図4-8　飛騨高山のインバウンドに向けた里山観光

　観光と生物多様性について，2004年には，CBD（生物多様性条約）事務局により，『生物多様性と観光開発のガイドライン（Guidelines on Biodiversity and Tourism Development）』が発行されている[6]。観光計画から運営，環境影響評価，地域社会との関係など，生物多様性に配慮した観光事業に関する要項がまとめられており，どの事業者も参考になるものだ。また，こうした基本的なガイドラインを使いながら，観光開発にどのように導入していけばよいのか，といったユーザーマニュアル『観光と生物多様性の管理（Managing Tourism and Biodiversity）』も別途発行されている。

　これらのガイドラインは，以下より参照できる。

https://www.cbd.int/tourism/guidelines.shtml

3 節水と廃水管理

廃水の処理やその技術導入などは，もちろん専門家でなければ実施できないことであるが，観光に従事する者としても，どのようなことに留意していなければいけないかは知っておく必要がある。第3章2-3でみたように，高級リゾートホテルを中心として観光産業は大量に水を使うが，これは水資源の消費と汚染を示すウォーターフットプリント（**解説7参照**）が非常に高いことを意味する。水の利用と廃水管理においてやらなければならないことは，① 直接的な水の需要，使用を減らす（節水），② 技術導入による汚水，廃水の再利用促進，③ 適切な廃水管理による環境汚染防止，④ バーチャルウォーターなどの間接的な水の消費を削減する，である。

① 直接的な水の需要，使用を減らす（節水）

観光事業者がまずできることは，最優先事項である水資源利用の削減（リデュース）である。節水として，近年よくみられるようになったのは，ホテルなどで，毎日シーツやタオルを洗濯して欲しいかどうかを観光客に尋ねる手法であるが，これはもっとも始めやすい実践のひとつであろう。また，以下のような方法でも基本的な水利用の量を減らすことができる。

・水道管や蛇口などの定期的なメンテナンスによる水漏れ防止
・使用していない時には水まわりの機器を停止する
・水利用が必然的に少なくなる機器を導入する
　（たとえば，水量の少ない水洗トイレやシャワーヘッド，センサー式自動蛇口など）
・観光客や従業員に，水の節約を呼びかける

新しい機器の導入は初期投資はかかるものの，水利用の削減に伴うコストカットが期待できる。たとえば，シャワーヘッドだけをみても，一般的なものであ

ると1分間に11〜25リットルの水を使うが，節水型であれば9リットル程度で済む（UNEP, 2003）。

② 技術導入による汚水，廃水の再利用促進

一度使った水も重要な資源であり，できる限り再利用することが重要である。たとえば，適切な方法で浄化した廃水は，庭園の水まきや，畑の水，トイレの水として利用したり，あるいは帯水層に還元（リチャージ）して将来的に使うこともできる。現在の技術であれば，廃水を飲み水にすることもできるが，利用者の心理的な抵抗感はまだ高いだろう。

③ 適切な廃水管理による環境汚染防止

廃水は，管理が適切ではないと，しばしば染み出して土壌を汚染したり，海洋や河川を汚染するが，温度が高いままの廃水もさんご礁などに影響を与えたりするため，十分な注意が必要である。最新の技術を持つ機器を導入することがもっとも良い方法であるが，その資金がない場合でも，既存の機器に漏れがないかなど，定期的に機能をチェックして修理しなければならない。専門家による協力は欠かせないが，まずそうした専門家のアドバイスを求めるかどうかは，観光事業者の意志に関わっている。

④ バーチャルウォーターなどの間接的な水の消費を削減する

ホテルに代表されるホスピタリティ産業において，特に食物に関してはバーチャルウォーター（第3章2‐3参照）を大量に使用している農畜産物があるので留意が必要である。農業や畜産業では，生産，加工，輸送などすべての段階において大量の水消費があり，すでに学んだように穀物や野菜よりは肉のほうが環境負荷が高い。とはいえ，食は観光客の楽しみのひとつであり，すべてのホテルがベジタリアンホテルになるような非現実的なことは不可能である。そこで，まず重要なのは地産地消によって，加工や輸送にかかるウォーターフッ

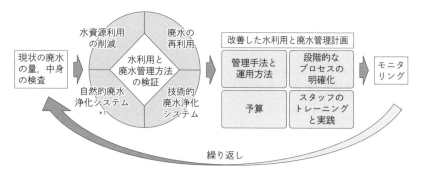

図4-9 持続可能な水利用と廃水管理のプロセス
注：＊1 自然的廃水浄化システムは、自然の原理を応用した浄化システムのこと。
出典：UNEP（2003）を元に筆者加筆

トプリントを減らすこと、また畜産物も地元のもので、輸入の穀物を餌としていない家畜のものを選択する、など、そのホテルの理念や地域の状況に合った形で間接的な水の消費を減らしていくことであろう。これについては、次項の「持続可能な消費と生産」とも深く関わっている。

　①〜④を一貫して進めるために、図4-9のようなプロセスを実践しなければならない。事業規模の大小に関わらず、こうした節水と廃水管理のプロセスは、事業者のオフィスや管理事務所でも実施する必要がある。たとえば日本の場合は、技術導入による水資源利用の削減、浄化システムや廃水の再利用といったことはかなり進んでいるが、まだまだ「無駄づかい」というような過剰利用はある。水利用の削減は、大幅なコスト削減になることもメリットであるから、徹底して最小限の水資源利用を計画していくことが望まれる。

4 持続可能な消費と生産

　すでにみてきたように、観光産業全体として消費する製品やサービスにおいて、カーボンフットプリントを含むエコロジカルフットプリント、ウォーターフットプリント、化学物質の排出、廃棄物、など多種多様な環境負荷を与えており、それらが生物多様性の損失や地球温暖化にも深く関わっている。グリー

ンエコノミーにおいては，大量消費，大量廃棄のシステムから脱却し，私たちの消費活動，生産活動そのものを持続可能な方向に転換していくことが求められていることから，観光産業でもこの問題に取り組んでいかなければならない。すでに第1章3でみたように，現在世界で進行中の10YFP（持続可能な消費と生産10年枠組み）においても，観光がこれを導入して，サステナブルツーリズムを目指すことが強調されている。そのために実践していくべき主なこととして，①グリーン購入，②持続可能性に配慮した原材料・物品の調達，③リデュース，リユース，リサイクル（3R）の徹底と適正な廃棄物処理，④有害化学物質の排除，などがある。このうち，③，④については，すでに私たちの日常では当たり前のこととなっているが，特に①と②については，あまり留意されていないことが多い。観光が，非日常的な贅沢を楽しむような余暇活動という特性があるため，持続可能な消費と生産への方向転換は，観光客にとっても事業者にとっても，もっとも難しいことかもしれないが，後回しにすることはできない。

① グリーン購入

グリーン購入（解説12参照）は，これまでも他の産業や行政では良く実践されてきた施策のひとつであり，このようなアプローチは，すべての観光事業者が取り入れられるものである。ここで重要なのは，まず「必要かどうかを考える」という前提であり，これは資源の無駄遣いを防ぐ第一歩である。また，実際にグリーン購入によって，大幅なコスト削減につながることもある（ケーススタディ7）。

解説12 グリーン購入

日本でも「グリーン購入法」[*1]という法律があるように，この考え方は古くからある。図のように，1．買う必要があるかどうか考える，2．買うときには環境に配慮したもの（パッケージが少ないもの，リサイクルしやすいもの，化学物質が使われていない，あるは排出しないもの，など）を選ぶ，3．長く使えるものを選ぶ，

4．製品の消費後にゴミがなるべく出ないようなもの（詰め替えのものなど）を選ぶといったプロセスが重要となる（図4-10）。

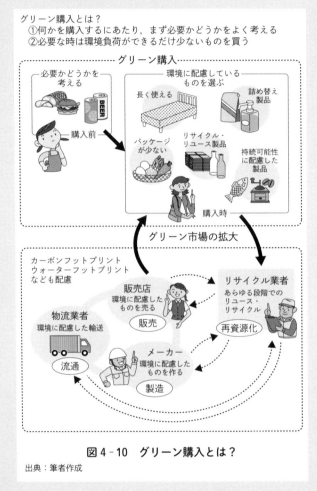

図4-10　グリーン購入とは？

出典：筆者作成

*1　2001年から施行された日本のグリーン購入法は，正式名称を「国等による環境物品等の調達の推進等に関する法律」といい，特に国などが製品やサービスを購入する際に守るべき事柄を決めているが，ここに示された指針は，すべての事業者，消費者でも参考にできるものである。

ケーススタディ 7
グリーン購入とコスト削減

　購入する物資のタイプや量を管理することだけでも，ホテルなどは廃棄物を減らせるのみならず，コスト削減ができる。たとえば，キプロス島において2011年に実施された"プラスティック削減プロジェクト"には，28のホテルが参加したが，これによって5ヶ月間で11万1000ユーロのコスト削減が実現した。

出典：The Travel Foundation（2017）

② 持続可能性に配慮した原材料・物品の調達

　観光産業で使用，販売する原材料や物品が，持続可能な採取方法，持続可能な生産方法によって供給されているかどうかを，可能な限り確認することは重要である。ここには，カーボンフットプリントやウォーターフットプリントの考え方も重要になると同時に，生物多様性に直接的な影響を与えていないかの配慮も必要となる。特に農産物，水産物や林産物，みやげ物など，自然資源と深く関係する場合は，生物多様性基準を含む認証制度により認証マークやラベルが添付されているものを選ぶこともひとつの方法である。

たとえば，以下のようなことが実践できる。

- 絶滅のおそれがある種または個体群（IUCN の絶滅のおそれのある種の IUCN　レッドリスト[8]（http://www.iucnredlist.org）またはワシントン条約[9]の附属書（http://www.cites.org）のどちらかに掲載されたもの），特に国内・国際規制により消費と取引が禁じられている種または個体群から供給される物品を使用しない。
- 持続可能な供給元から仕入れる場合を除き，地域や地方で，または世界的に枯渇状態にある種を調達しない[10]。

- 無規制または生物多様性に対して特に有害な方法であって，たとえばダイナマイトを使う漁業[11)]のように違法な場合さえあるような方法で生産または採取される資源を使用しない。
- 持続可能な形で生産された製品に関する認証制度（解説13参照）を応援し，できる限り取り入れる。
- フェアトレード[12)]，有機農法などの認証制度で認められた食材を選択する。
- 地元で生産された食材を使う。
- 食糧の生産と採取（魚，その他の水産物，狩猟鳥獣）に関係する生物多様性の問題についてスタッフの意識向上に努める。
- 現地の規制を定期的に確認する必要性についてスタッフを教育する。
- 持続可能な供給元から仕入れた食材について観光客に理解してもらう。
- ホテルの庭か別の場所に，キッチンガーデン，温室，あるいは果樹園などを作る。

（IUCN, 2008を元に筆者作成）

解説13　持続可能な方法で生産された製品に関する認証制度（例）

これまで無尽蔵と思われてきた魚を代表とする海洋資源も，2000年代に入ってからの調査で，枯渇しつつあることが明らかとなってきた。また，適切でない漁法は，網に海鳥や海洋生物がかかって命を落とすなど混獲の問題もあり，生物多様性に大きな影響を与えていることから，1997年に，持続可能な漁業を推奨することを目的とする「海洋管理協議会（MSC: Marine Stewardship Council）」が設立された。MSCは独立した非営利団体で，その目的は漁業を継続していくことにある。魚種資源の減少から増加への転換，漁業者の生計維持，世界の海洋環境の保全などを目指している。

第4章 有限な地球におけるサステナブルツーリズムの実践　117

　世界中で紙，木材，家具，などさまざまな林産物の需要が拡大するにつれて，特に熱帯林が多く残る発展途上国での森林伐採が加速してきた。そのため1994年に，責任ある森林管理を世界に普及させることを目的とする「森林管理協議会（FSC®：Forest Stewardship Council®）」が設立された。FSCは独立した非営利団体であり，国際的な森林認証制度を運営している。環境保全の点からみても適切で，社会的な利益にかない，経済的にも継続可能な森林管理を理念とし，森林が急速に破壊されている状況を背景に，環境団体，林業者，林産物取引企業，先住民団体などが参加している。責任ある森林管理から生産される木材とその製品を識別し，それを消費者に届けることで，責任ある森林管理を消費者が支える仕組みを作っている。

　パーム油は，私たちが日々目にする洗剤，化粧品，菓子などさまざまな製品に使われており，パーム油を生産するアブラヤシ・プランテーションのためにマレーシアなどでは熱帯林伐採が加速してきた。そのため2004年に，環境への影響に配慮した持続可能なパーム油を求める世界的な声の高まりに応え，自然保護団体が中心となって「持続可能なパーム油のための円卓会議（RSPO: Roundtable on Sustainable Palm Oil）」が設立された。RSPOは独立した非営利団体で，その目的は世界的に信頼される認証基準の策定とステークホルダー（関係者）の参加を通じ，持続可能なパーム油の生産と利用を促進することにあり，パーム油産業をめぐる7つのセクターの関係者（パーム油生産業，搾油・貿易業，消費者製品製造業，小売業，銀行・投資会社，環境NGO，社会・開発系NGO）の協力のもとで運営されている。

　たとえばコーヒー，紅茶などに代表される産物は，熱帯地方の森林地帯で生産されるため，しばしば熱帯林の伐採につながってきたばかりではなく，それらの生産者である地域コミュニティの生活も脅かすことがある。そのため，1987年に，熱帯雨林を維持するため責任ある農業，林業などを目指して「レインフォレスト・アライアンス（Rainforest Alliance）」が設立された。非営利団体で，前述のFSCの設立メンバーでもあり，生物多様性の保全，人々の持続可能な生活を確保することを使命としている。主にコーヒー，紅茶，バナナ，オレンジ，カカオ（チョコレート）などの農産物の認証が多いが，その対象は年々広がっている。
　なお，レインフォレスト・アライアンスは，「サステナブルツーリズム」についても認証を行っている。

　たとえば，スウェーデンのスカンディックホテルグループでは，全ホテルで「レインフォレスト・アライアンス」のコーヒーを使用しているし，ロンドンオリンピックでは，こうした認証商品をできるだけ使用した。また，ドイツ国鉄の切符は，「FSC」の紙で作っているためFSC認証マークが入っているなど，持続可能性に配慮した物品の導入事例は観光関連の事業者でも増え始めている。

　③　リデュース，リユース，リサイクル（3R）の徹底と適正な廃棄物処理
　3Rといえば，日本では当たり前のこととして以前より導入されているので，今さら，という感じがするかもしれない。しかし，日常的には当たり前の3Rも，"観光"という非日常を商品とした産業となると実践が後回しになりがちである。まず観光客が，以下のような問題を抱えている。

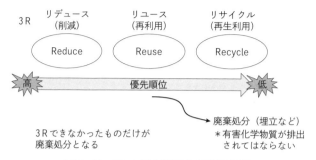

図4-11 3Rの優先順位と廃棄物処理
出典：筆者作成

- 旅行中という非日常的感覚によって，ゴミの分別のような小さいことを気にしなくなる（やりたくなくなる）
- 観光地は自分の暮らしている場所から離れていることが多いので，"自分に関係のない場所だから何をしても良い"という発想になりやすい

よって，観光客に対して，事業者側からの普及啓発，協力の呼びかけも重要になってくるであろう。

3Rには，①で示したグリーン購入と合わせて，「ゴミ（廃棄物）の絶対量を減らす」という目的がある。事業者の立場からみると，リユースやリサイクルには取り組んでいるところがほとんどであると思われるが，図4-11にみるように，もっとも最優先であるリデュース（削減）には，消極的なところが多いだろう。これもやはり，贅沢を求める観光という産業形態において難しいところではあるが，グリーン購入に留意するだけでも，かなりのリデュースができるはずだ。

最終的に廃棄物となるものを埋め立てなどで処理する場合は，有害化学物質（解説14参照）が流出しないように十分な注意が必要である（後述④参照）。

④　有害化学物質の排除

　観光は，重工業と比べたら有害化学物質の使用が少ない産業ではあるが，少量でも日常的に使っているものがあるとそれが蓄積していく。たとえば代表的なものには，第3章2-3でもみたようにリゾートホテルの庭園管理のための肥料，ゴルフコースに撒かれる農薬のほか，ホテルの掃除に使う化学薬品，塗料などがある。まずこのようなものに有害化学物質が含まれていないかよく調べた上，含まれているものは購入，使用しないことが重要である。また，図4-11でみたように，廃棄物に有害なものが混入していないかどうかも留意し，徹底的な管理が求められる。廃水管理同様，廃棄物についても環境中に汚染物質が流出していることはよくあるため，注意しなければならない。

解説14　有害化学物質の弊害

　有害化学物質の代表が，残留性有機汚染物質（通称 POPs: Persistent Organic Pollutants）だ。POPsは，自然に分解されにくく生物濃縮[*1]によって人体や生態系に害をおよぼす有機物で，ダイオキシン類・ポリ塩化ビフェニル（PCB）・DDTなどが廃棄物，廃水によくある物質である。
POPsの特徴として，

・環境中で分解しにくい（難分解性）
・食物連鎖などで生物の体内に蓄積しやすい（高蓄積性）
・長距離を移動して，極地などに蓄積しやすい（長距離移動性）
・人の健康や生態系に対し有害性がある（毒性）

POPsは，海に流れ出ると，海流を通して地球全体に広がる。この特性から，海の高位捕食者であるイルカやクジラなどからは，大量のPOPsが検出されている。

　*1　生物濃縮とは，ある有害物質が生態系での食物連鎖を通して，ずっと消えることなく捕食者に濃縮されていくこと。その濃縮は，生まれた子供（子孫）にまで残ることも少なくない。

第 4 章　有限な地球におけるサステナブルツーリズムの実践　　121

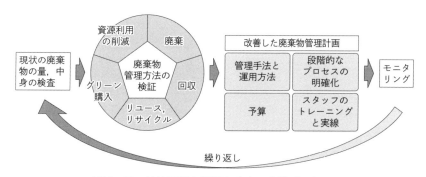

図 4 - 12　持続可能な消費と生産の実践プロセス
出典：UNEP（2003）を元に筆者加筆

　以上①〜④を一貫して進めるために，図 4 - 12のようなプロセスを実践しなければならない。事業規模の大小に関わらず，こうしたプロセスは事業者のオフィスや管理事務所でも実施する必要がある。たとえば日本の場合は，前述の3Rは全国的に非常に進んでいるといっても良い。しかし，最も重要なグリーン購入や，資源利用の削減の考え方は，まだまだ観光事業者には浸透していないため，図 4 - 12のプロセスの中でも最初の一歩となるそこが重要であろう。さらに，一連の持続可能な消費と生産の過程において，環境負荷を削減するためには，解説15に紹介したようなライフサイクルアプローチも参考になる。

5　まとめ

　以上にみてきたような低炭素，自然共生，持続可能な消費と生産，水利用，廃水・廃棄物管理などの施策を組み合わせていくことで，サステナブルツーリズムの環境的側面が実現していく。以下では，いくつかの事業者の包括的施策の事例を紹介した（ケーススタディ 8，9）が，いずれも大企業だけに取り組みの規模も大きいが，この包括的な考え方そのものは，小規模な観光事業でも取り入れられるものがあり，参考になるだろう。また，ケーススタディ10の事例は，サステナブルツーリズムのグリーン施策に，観光客への参加を呼びかけたものである。この事例は，観光客が「楽しみながら」環境配慮に参画していけ

ることを示した良い事例だ。

　また，目に見えない環境負荷まで配慮するにあたっては，ひとつの観光商品や，ビジネスプロセスを通しての影響を見渡さなければならない。その際にはライフサイクルアプローチ（解説15参照）の考え方が有効である。

解説15　ライフサイクルアプローチの考え方が有効

　これまでみてきたように，エコロジカルフットプリントやウォーターフットプリントに代表されるように，観光産業のすべてのプロセスで発生する環境負荷は，直接目に見えないものもたくさんあり，また個々の影響が相互に関連し合ったりしている。そこで，環境に配慮した本当の意味でのサステナブルツーリズムを実現するためには，製品やサービスのライフサイクルを通して，包括的な施策をとっていくことが重要となる。観光の分野においては，「観光地のライフサイクル」[*1]という理論は早くからあり，その後も観光地管理で欠かせない概念となっているが，ここでいうライフサイクルアプローチとは，図4-13のようにより細かい製品やサービスの直接的，間接的環境負荷を，ライフサイクルを通して留意するというもので，"持続可能な消費と生産"と深く関わっている。観光産業が，さまざまな事業の集合で完成しているシステムであることからも，個々の事業のライフサイクルを検証，改善していかなければ，業界全体として環境負荷が削減されない。

　こうしたさまざまな製品のライフサイクルにおける環境負荷の評価は，「ライフサイクルアセスメント（LCA）」と呼ばれ，重工業，製造業を中心にすでに多くの産業で取り入れられており，これまで，観光産業の中でもホテル業などでは導入している事業者もいる。とはいえ，実際に正式なLCAを導入しようとすれば，はやり専門家のアドバイスや，専用のソフトウェアなども必要となりそれなりのコストがかかるため，なかなか中小事業者の多い観光産業では完全な導入は難しい側面もある。

　しかしまず重要なのは，「ライフサイクルでの環境負荷」を気にする視点を持つということであり，そのような視点があると，ひとつひとつの観光商品で扱う製品やサービスにも慎重になるであろう。

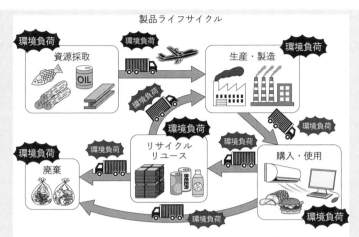

図4-13 ある製品（サービス）が，ライフサイクルで与える環境負荷
出典：筆者作成

近年では，ライフサイクルでの環境負荷について，製品ごとに試算したデータベース（ライフサイクルインベントリー）も開発されている。代表的なものに，スイスで開発された ecoinvent（エコインベント）があるが，これは契約料を払えばオンラインでいつでも，さまざまな製品やサービスの"ライフサイクル環境負荷量"を見ることができる。契約料は50万円前後となるが，OECD非加盟国（主に発展途上国）の利用者は無料で閲覧できるようになっている。

*1　1980年にサリー大学の Butler が提唱した。観光地は，「探検段階」「包含段階」「発展段階」「成熟段階」を経て観光商品として市場で認知されるが，その観光地には許容できる観光客や施設，開発の規模が決まっているため，その限界を超えると諸問題が噴出したり，観光客から飽きられたりして「停滞段階」に入る。その後，解決の努力で成果が出た場合には，「再生段階」になるが，何もしなかった場合や成果が出なかった場合に「衰退段階」となり，観光地は劣化して衰退していくという理論である。

参照：ecoinvent（http://www.ecoinvent.org）

ケーススタディ 8

シックス・センシーズ（SIX SENSES）の包括的施策

　高級国際リゾート＆スパグループであるシックス・センシーズでは，持続可能な観光に貢献するホテルを目指して，さまざまな取り組みを包括的に行っている。

●エネルギーの効率化
CO_2 排出削減のためにエネルギー効率化を図った結果，たとえば以下のようなコスト削減に成功した。
- ◇エネルギーモニタリングシステムの導入には4,500ドルがかかったが，導入後はリゾートホテル内の全エネルギー利用を10％削減でき，更にどの部分でより省エネができるかがわかるようになった
- ◇小型冷却システムの導入には130,000ドルがかかったが，導入後は毎年45,000ドルのエネルギーコスト削減ができたため，2.8年で初期投資は回収した
- ◇バイオマスを利用した吸収式冷凍機の導入には120,000ドルがかかったが，毎年43,000ドルのエネルギーコスト削減ができたため，2.8年で初期投資は回収した

●持続可能な食品調達
- ◇仕入れる食品に関する厳格な原則を導入し，グループの全ホテルにそれを適用。ホテルでは，地元産の果物や野菜，肉，魚，水産物を調達し，それらの生産に使う技法が環境に配慮していることを確認する。
- ◇仕入れを禁じる食品と厳しい消費条件を適用する食品のリストを作成。過剰漁獲により資源量が激減した特定の魚資源の使用は禁止。マグロやサメなどのように，責任ある漁業条件を保証する証明書がある場合にのみ許可。たとえば，一度に大量に獲る漁法（底曳網など）は，海の生物多様性に特に破壊的な影響を与え，さまざまな魚種の無差別な漁獲，海底の損傷，その他の悪影響が生じるため，一本釣りで獲る魚を強く推奨し，カキなどいくつかの種（しゅ）につい

ては，持続可能な施策の養殖場のみから仕入れるよう，厳しく義務づけている。
◇グループ全体についてリストが作られたが，さらに各ホテルに対し，各地での条件，地元で手に入る種，供給状況に従い，リストに補足するよう奨励している。
◇各ホテルは，地域社会と協力し，季節によりその地域で手に入る製品を特定し，持続可能性の原則と一致する農業，漁業，その他の生産技術を導入する。地元の漁民とも長期的な関係を築き，グループの基準を満たす限り漁獲物を購入すると約束している
◇支配人とスタッフ全員に，この問題に関する教育と十分な情報を与えているため，食品の生産と供給における持続可能性の問題に関するスタッフの意識が向上し，世界的な観点から問題を理解しているため，確実に持続可能性に配慮した仕入を行うことができるようになった。

●持続可能なみやげ物の調達

◇リゾートショップで販売する製品を監視し，絶滅のおそれのある動植物，特にさんご礁生態系を構成する種から派生した製品がないことを確認している。たとえば，サメの歯とヒレ（フカヒレ），さんご，貝，花など。
◇これらの原則はグループの経営方針に組み込まれおり，リゾートショップはすべてシックス・センシーズ・グループが所有し経営しているため，各リゾートショップに適用される。何よりも重要な点として，この方針は地域社会での実地調査に基づいている。
◇リゾートチームは周辺地域での違法行為，例えば観光客に売るための保護種（ウミガメ，貝殻など）の採集などを，責任を持って監視している。そうした行為を見つけると，ケースバイケースでその背後にある原因を調べ，解決策を探す。
◇何よりもまず，貧困を軽減するために，周辺地域でもっとも恵まれない集団との取り組みを第一に行う。特に，より「倫理的」で「持続可能」なみやげ物の製造を通じた収入源を提示し，地域住民の環境問題に関する教育と意識の向上に努めている。リゾートとスパで観光客に販売し，こうした人々の収入源にな

るような商品の製造を奨励している。
◇グループでは，面白い工芸品を作ることができる職人をその地域から捜し，支援している。一方，わら紙作りなどの伝統技術を現代の需要に合うようアレンジすることも，地域住民に勧めている。例えば，わら紙を使い，包み紙やホテルのパンフレットを作ることができる。また，ココナッツの殻で作ったおもちゃなど，リサイクル材料で作るみやげ物の製作も奨励している。
◇こうしたみやげ物開発のトレーニングや意識の向上については，リゾートチームが内部的に行うか，あるいは地域社会で知られている外部協力者に資金を提供して行っている。

●生物多様性の保全（海洋生物）
◇モルディブにもホテルがあるが，海洋環境の保全と質が，その地域の人々と観光の将来にとって不可欠であると認識し，他のリゾートと提携して「Baa Atoll（バア・アトール）」プロジェクトを発足した。
◇このプロジェクトでは，マンタの保護，夜釣り，漁獲を許可される魚の最低サイズ，錨による海底の損傷など，多数の問題に取り組んでいる。
◇また，産卵水域と産卵期のカメや，イルカのウォッチングツアーなど，自然生息域で野生生物の生活を乱す傾向がある観光活動に反対している。たとえ教育目的であっても，そうした活動は動物に危機をもたらし，存続を危うくすると訴えている。
◇特に優先しているのは，近年，世界中で資源量が激減しているサメの保護。集中的な漁獲により，海洋でサメの資源量が激減しており，この大型捕食者が姿を消した場合，海洋生態系全体のバランスを危うくするおそれがあるため，モルディブにおけるサメの全面的禁漁を目指して活動している。
◇また，シックス・センシーズとそのパートナーは，運営するリゾートでの大型魚のスポーツフィッシングや捕獲などの観光客のアクティビティを禁止し，観光客にそのようなレクリエーションを提供している事業者を報告し，政府による関連法の制定と実施を支援している。

出典：Six Senses（2009），IUCN（2008）を元に筆者作成

ケーススタディ 9
スカンディック（Scandic）の包括的施策

　スウェーデン本拠地とするスカンディックホテルグループは，ホテル業界でもっとも持続可能性を追求してきた事例として良く取り上げられている。1994年から，環境プログラムを導入し，さまざまな努力を重ねてきた。たとえば，

- エネルギーや水の利用効率の改善
- 《Resource Hunt プログラム》を通じた自然資源の保全（自然保護プログラム）
- ゴミの削減と分別（リデュースとリサイクル）
- 環境に配慮した建設
- 従業員への教育
- ホテル運営オフィスの環境配慮
- 持続可能でない方法で生産された食物の使用禁止（たとえば養殖エビなど）[*1]

などがある。このような施策を行ってきた結果，

- 宿泊客1人あたりのエネルギーや水の消費が16〜21％削減
- CO_2 の排出は34％削減
- リサイクルできないゴミは66％削減

などが実現されている。こうした結果は，大きくコスト削減にもつながっているという。

　また，環境面だけではなく，社会面でもさまざまな施策を行っており，地域社会へのチャリティや，障害者の雇用，またホテルで出されるコーヒーはすべてフェアトレードのものにしているなどが代表的なものだ。

　スカンディックは，2025年までに，すべてのホテル経営を"カーボン・ニュートラル"[*2]にすることを宣言している。

*1　エビの養殖は，しばしばマングローブ林などの重要な森林を広範囲に伐採して行われるため，環境負荷が高い。さまざまな生き物の生息地となっているマングローブ林の伐採は，生物多様性の損失に寄与するだけではなく，CO_2 吸収源を失うことにもなり，地球温暖化にも影響する。

*2　ケーススタディ3注1を参照のこと。

出典：Bohdanowicz（2009），Scandic（2017）を元に筆者作成

ケーススタディ10

サステナブルツーリズムのための施策に観光客を巻き込む

　オーストラリア，サウスウェールズのカンガルーバレーに位置する，クリスタル・クリーク・メドウズは，自然環境に配慮しつつ，洗練されたコテージとスパを提供しているリゾートコテージである。下記は，このホテルが実施している持続可能性のための施策と，ゲストへの協力を呼びかけたもので，このような取り組みは，自らの経営を持続可能なものにするのみならず，観光客の意識向上にも貢献する。また，ここでの呼びかけは，「楽しみながら」という点を重視していることが，より多くのゲストから賛同を得ることができるであろう。ホストとゲストが同じ目標を共有して，その実現のために協力していく，ということは，サステナブルツーリズムの実現にはなくてはならないことであるが，そのような場を醸成している良い事例である。

　これは，私たちが環境負荷を削減するためにやっていることです。そして，みなさんのサポートによって，更に成果を出すことができます。

リサイクル

・私たちは，リサイクル，リユースを推進し，最小限のパッケージの産品を選んでいます。

みなさんにできること：ご宿泊のコテージの裏には，分別用のゴミ箱があります。ご出発の際には，正しく分別してゴミを捨ててください。

食品ゴミ

・私たちは，埋め立てるゴミの量を3年間で66％削減しました。この方法のひとつは，生ゴミを再利用して，ニワトリの餌としたことです。

みなさんにできること：生ゴミを置いてあるバケツに保管して，ヒヨコにそれをあげてください。彼らはあなた達が大好きになります！

プラスチックゴミ

・私たちは，"カンガルーバレープラスチック袋禁止区域"を指示し，また

ペットボトルの水利用を自主規制しています。
みなさんにできること：私たちが提供する詰め替え用の水ボトルを買ってください。また，ショッピングバックはお貸ししているものをお使いください。

水
・私たちの宿泊施設用に，雨水を貯めています。嵐の時でも，適切な灌漑システムによって水を貯蔵しています。

みなさんにできること：水の使用に気を配ってください。特に，乾季には。

電気
・電気消費を削減しています。私たちの5kWのソーラーパネルは，施設全体の1/3の電気需要をまかなっており，その他の電気も100％グリーンエネルギーを購入しています。

みなさんにできること：できるだけ自然の換気を利用してください。私たちのコテージは，きれいな自然の風を楽しめるように設計されています。キータグを使用し，夜間は外の電気を消してください。リアルタイムでエネルギー消費と電気代がわかる表示がありますので，楽しみながら気にしてください。必要ないものの電源はすべて切ってください。

薪
・環境的に持続可能に管理された森林から得た薪は，電気よりもクリーンで効率がよく…そして再生可能な素晴らしい資源です。私たちの蒔のための森林を是非，訪問してみてください。そこは野生生物の保護区域にもなっています。

みなさんにできること：ロマンティックで心地よい明かりの灯し方を解説してある薪の使用ガイドを参照してください。敷地内の森林で散策を楽しみながら，たき付けにちょうど良さそうな小枝を集めてください。

ガス
・私たちは，瞬間湯沸かし器を使用しているため，お湯の温度を保つためのエネルギー使用はしていません。

みなさんにできること：必要の無い時は，お湯を使わないでください。

車
・私たちは，地元で購買をすることで車の使用をできるだけ控えています。

使用する際も，E10 ガソリン[*1]を使用しています。

みなさんにできること：ベリーから出ている私たちの無料バスおよび列車をご利用ください。ここに来るまでの時間も，みなさんの余暇の一部としてください。ゲストはここで自転車を借りることができます。それによって，もっといろいろ見たり楽しんだりできます。より遠くへ出かけたい方は，私たちの車を借りてください。

化学薬品

・認証を得たオーガニック農場ではありませんが，クリスタル・クリーク・メドウズは，最小限の化学肥料しか使っていません。ですから，みなさんは雑草を目にするかもしれませんが，同時に蝶や蜂や鳥も見ることができるでしょう。また，私たちのコテージは，自然由来のエッセンシャルオイルを使った環境に易しい製品で掃除をしています。

みなさんにできること：是非，散策中に目にした面白い虫や鳥や動物を教えてください。私たちは，化学薬品の使用を控えた結果をモニタリングしています。また，合成薬品を使わずに掃除しているコテージの新鮮な香りを楽しんでください。

生物多様性

・放し飼いで育てられた家畜の肉や，オーストラリアの養殖場[*2]から仕入れたサーモン，またオーガニックで地産のものを優先して使っています。また，私たちのアロマテラピー林道では，植物の薬用効果が楽しめます。

みなさんにできること：食事をする際には，この地域のオーガニックな材料を使ったローカルメニューや，市場のものを選びましょう。おみやげを買う時には，この地域の持続可能な自然素材のものや，アンティーク，中古品を選びましょう。林道を散策する時には，薬用植物の心地よい香りを楽しみましょう。

自然保護

・私たちの敷地の60％は，湿地と河川の再生によって自然保護に寄与しています。

みなさんにできること：ゲストは，敷地内に一本3.5ドルで木を植えることができます。あるいは，専門ガイドのクリストファーと家族と一緒に，一日自然保護のための活動を楽しんでみてください。（子供たちは，トレイラー

に乗ったり，こうした活動に参加したりすることが大好きです！）
ほんの小さいことから違いが生まれます。私たちのすべてのゲストのご参加に感謝いたします。

* 1　E10ガソリンとは，バイオマス燃料（植物由来）であるバイオエタノールを，化石燃料由来のガソリンと混ぜたもので，バイオエタノールが10％混合されている。通常の自動車燃料はすべて化石燃料由来のガソリンであるが，バイオエタノールを燃料の一部として使用することにより，再生可能燃料を導入することとなり，温暖化対策のひとつとされる。
* 2　海洋から野生のサーモンを漁獲するよりも環境負荷が低いことが多いが，一方で養殖場の管理・運営方法によっては海洋環境にダメージを与えるため，持続可能な養殖場であるか注意が必要である。

出典：Dolnicar（2015）を元に筆者作成
より詳細は以下を参照：
https://www.crystalcreekmeadows.com.au/romantic-getaways-south-coast-nsw/

2 総合的な環境配慮がもたらすメリット

　第4章1でみてきたようなグリーンな施策を，総合的に実践することは，規模に応じた初期投資はかかるものの，結果的には大幅なコスト削減につながり事業者の経営や，観光地の利益にプラスの影響を与えるケースが多い。世界中で実行されている数々の持続可能な観光の事例は，生物多様性保全によって，水やエネルギーの大幅な消費削減につながるということも明らかにしてきた（UNEP, 2011; Carter et al., 2015）。グリーンエコノミーの考え方そのものが，このように環境配慮することで，利益が創出できる，というものであり，グリーンなサステナブルツーリズムも同じような効果をもたらす。以下にみる事例は，スペイン沿岸部のビーチリゾート地において，事業者が協力して総合的なグリーン施策に取り組んだ結果，すべての項目で初期費用を上回る回収ができたというものである（ケーススタディ11）。

ケーススタディ11
総合的な環境配慮がもたらす経済的メリット

　世界有数のビーチツーリズムリゾート地であるスペイン沿岸部において，より環境に配慮した観光地を目指すグリーングログラムを実施した結果，すべての項目において以前よりコスト削減ができたことで，図4-14のように初期投資費用の回収が実現した。この結果は，世界的な経営コンサルタントであるブーズ・アンド・カンパニー（現，Strategy&）が示したものである。

　最初に，このプログラムを導入するにあたっては，まず現状分析から始められたが，やはり他の観光地と同じように，持続可能ではない水やエネルギーの消費パターン，適切ではない廃棄物管理などが目立ち，観光資源として重要な周辺のさんご礁や海洋生物に多大な悪影響を与えていた。そこで，生物多様性，水供給，建築デザイン，エネルギーや廃棄物の効率良い管理などおいて，できる限りの改善を導入した結果，それぞれの項目において初期投資費用は十分に回収ができたという。

　従来の"資源消費型観光"から脱却を図るために実施されたこのプログラムは，資金は民間投資と公的資金から拠出され，図4-15のような3つのステップで実施された。

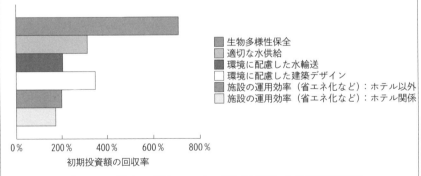

図4-14　観光のグリーンプログラム実践による費用回収率

第4章 有限な地球におけるサステナブルツーリズムの実践　133

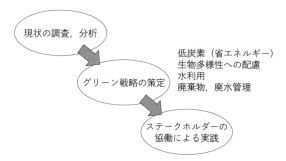

図4-15　グリーンプログラムの実践プロセス

出典：Ringbeck (2010), UNEP and UNWTO (2012) を元に筆者作成

　以上，地球の持続可能性から考えたサステナブルツーリズムに求められる施策をみてきた。大規模な観光開発はもとより，たとえひとつひとつの事業者の環境負荷が少ないケースでも，その積算は膨大な影響を及ぼす。気候変動や生物多様性の損失は，国境や地域境界線がない問題であることからも，地域への配慮とともに，全球的な視野を持つことも重要である。

注
1) 排出権取引とは，企業や国などが温室効果ガスを排出することのできる量を"排出枠"という形で定めた上で，排出枠を超えて排出をしてしまったところは，排出枠より実際の排出量が少ないところから余った排出枠を購入するような制度をいう。それによってトータルには，排出削減したとみなすことができる。排出量取引制度では，達成したい目標を最初に定めてその分の排出枠だけを発行するので，制度がきちんと機能していれば達成される目標は確実というメリットがある。一方で，排出枠を業界全体や国全体などの総量で設定すればこうしたメリットがあるが，排出枠を原単位（たとえば飛行機一台あたり）などで設定すると，その台数が増えれば排出総量はやはり増えるので，削減効果が薄れる。
2) 生物多様性への悪影響の例としては，風力発電機の設置によるバードストライク（鳥が衝突すること）などがある。
3) ICAO Carbon Emission Calculator （http://www.icao.int/environmental-protection/CarbonOffset/Pages/default.aspx）を参照のこと。

4) Global Distribution System の略。世界中の航空会社の予約,発券を中心に,ホテル,レンタカーなどの予約もできるコンピューターシステム。Amadeus, Sabre, Galileo などが有名で,これらで世界の飛行機予約の3分の2を占める。
5) 二次的自然とは一度人の手が加わった自然である。それに対して,人の手が加わったことのないありのままの自然を原生自然という。
6) 生物多様性条約については,第1章注13を参照のこと。
7) これは同時に,カーボンフットプリントを減らすことにもなる。
8) レッドリストとは,科学的調査で世界中の種の状況を評価して IUCN が作成している「絶滅のおそれのある野生生物のリスト」であり,常に更新されている。
9) ワシントン条約は,1973年に採択された「絶滅のおそれのある野生の動植物の種の国際取引に関する条約(Convention on International Trade in Endangered Species of Wild Fauna and Flora)」の通称で,英語では CITES と呼ばれる。世界中の絶滅のおそれがある種およびそれらから作られた製品の国際取引を規制する条約である。野生生物由来の製品の過剰消費が野生動植物の絶滅に大きく影響することから作られた。たとえば代表的な例に,ゾウを絶滅から救うために象牙の国際取引を規制していることなどがあげられる。
10) 世界的な枯渇状況にある種としては,特に水産物にも多くあるので注意が必要である。
11) ダイナマイト漁は,ダイナマイト等の爆発の衝撃により,死んだり気絶して水面に浮き上がってきた魚を獲る漁法であるが,海洋生態系に多大な悪影響を及ぼすため,世界の多くの国では禁止されている。しかし,東南アジアやアフリカ沿岸部など一部の地域で,いまだ続けられているため問題となっている。
12) フェアトレード(公平な貿易)とは,発展途上国で作られた作物や製品を適正な価格で継続的に取引することによって,生産者の持続的な生活向上を支える仕組みである。現代のグローバル化によって,途上国の多くの生産者は,大きなグローバル企業から安い値段で大量に生産物を買い取られたりすることが多く,このような場合に,生産者が直接得られる利益が少ない。このようなシステムを否定し,途上国の生産者にも,適正で公平な利益分配ができるようにしようという貿易のことをいう。

SUSTAINABLE TOURISM

第5章 真のサステナブルツーリズムを目指して

本書で，特に実践の部分において環境的側面（グリーン施策）に重きを置いたのは，現在の地球の状態を考えると，環境配慮が欠かせないことに加え，"サステナブルツーリズム"，"持続可能な観光"として紹介されている昨今の事例が，おおかた環境的側面の施策が十分ではないこと，あるいは場合によっては一切ないこと，が少なくないからである。本来，サステナブルツーリズムが「持続可能な開発」の概念から誕生してきたこと，また，私たちのすべての社会・経済活動の基盤となっている生態系の持続可能性をまず確保しなければいけないこと，を理解すれば，環境への配慮は欠かすことはできない。ただし繰り返しとなるが，このようなグリーン施策は，サステナブルツーリズムとしてやらなければいけないことの一部である。本来は，第2章で解説しているように社会的側面を含めた基準をすべて満たすものがサステナブルツーリズムと呼ばれることを，今一度留意しよう。

　現在求められている，本当の意味でのサステナブルツーリズムとは，図5-1に示したようなものである。すべてのステークホルダーが参画し，地域規模の施策から地球規模の施策までを組み合わせて，包括的に実践していかなければならない。

　サステナブルツーリズムは，多岐にわたる要因を考慮する必要があるがゆえに，その実現は結局のところ不可能なのだ，との見解もある。社会，環境，経済3つの要素を内包するサステナブルツーリズムの基本形は，誰もが共感できるものの，実際にそれを実現できるのかどうか，という話になると多くの困難が生じることが容易に想像できる。サステナブルツーリズムは，理論とそれを現場で実現することには大きなギャップがあり，机上の空論だという指摘もある（Butler, 2013; Wheeler, 2013; Sharpley, 2009など）。

　しかし，実現できるかどうか，という話になれば，そもそも「持続可能な開発（sustainable development）」そのものが，達成できるのかどうかすら，まだ誰にもわからないのである。それでも私たちは，この地球の恵みを将来世代に

旅行会社，ツアーオペレーター
・個々の持続可能な観光商品・サービスを組み合わせて販売
・独自の"サステナブルツーリズム"商品開発
・観光客への情報提供と啓蒙
・持続可能なランドオペレーター，観光事業者を宣伝，推奨することによる支援

持続可能な交通手段
・より低炭素な交通の組み合わせ
・環境汚染の削減
・接続ルートの効率化
・渋滞，騒音の回避

観光地内，周辺での移動

観光地

持続可能なレクリエーション
・生態系保全が最優先
・観光客の管理と規制
・観光資源である自然環境の維持
・ユニバーサルデザイン
・地域住民によるインタープリテーション

より長い滞在日数
（長距離移動削減，地元消費の推進）

持続可能な文化遺産観光
・観光客の管理と規制
・宗教的，文化的尊重
・観光資源である文化遺産の維持
・ユニバーサルデザイン
・地域住民によるインタープリテーション

責任ある観光客（レスポンサブルツーリスト）
・持続可能な交通手段の選択
・持続可能な宿泊施設の選択
・地域商店での消費，地産地消
・節電，節水
・地域社会と文化，伝統への配慮
・自然環境への配慮とルール厳守

行政
・それぞれの専門分野からの持続可能な戦略，政策策定
・環境施策も組み込んだ観光政策
・観光地支援
・すべてのステークホルダーにサステナブルツーリズムの啓蒙と推進

図5-1　サステナブ

出典：筆者作成

第 5 章 真のサステナブルツーリズムを目指して 139

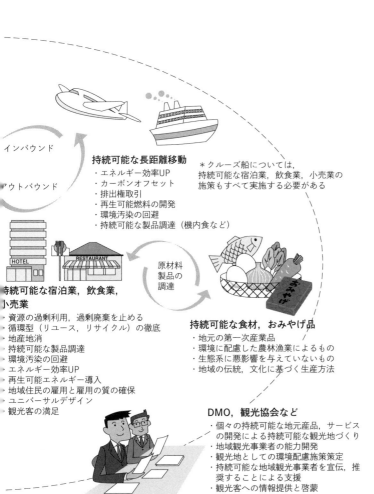

持続可能な長距離移動
・エネルギー効率UP
・カーボンオフセット
・排出権取引
・再生可能燃料の開発
・環境汚染の回避
・持続可能な製品調達（機内食など）

＊クルーズ船については，持続可能な宿泊業，飲食業，小売業の施策もすべて実施する必要がある

インバウンド
アウトバウンド

原材料製品の調達

持続可能な宿泊業，飲食業，小売業
・資源の過剰利用，過剰廃棄を止める
・循環型（リユース，リサイクル）の徹底
・地産地消
・持続可能な製品調達
・環境汚染の回避
・エネルギー効率UP
・再生可能エネルギー導入
・地域住民の雇用と雇用の質の確保
・ユニバーサルデザイン
・観光客の満足

持続可能な食材，おみやげ品
・地元の第一次産業品
・環境に配慮した農林漁業によるもの
・生態系に悪影響を与えていないもの
・地域の伝統，文化に基づく生産方法

DMO，観光協会など
・個々の持続可能な地元産品，サービスの開発による持続可能な観光地づくり
・地域観光事業者の能力開発
・観光地としての環境配慮施策策定
・持続可能な地域観光事業者を宣伝，推奨することによる支援
・観光客への情報提供と啓蒙

ノーリズムの実現

引き継いでいく義務があり，また，いま私たちが十分に享受している観光の魅力も，将来世代に受け渡していく必要がある。

　実際に，本書でも実例のほんの一部を紹介したように，すでに多くの事業者，行政がサステナブルツーリズムの実現のために試行錯誤を行い，成果を出していることは希望が持てる兆しである。重要なことは，社会全体，業界全体がその方向を目指して，早急に，図5-1に示したようなさまざまな具体的努力を重ねていくことなのではないだろうか。特にこれから観光産業に携わろうとしている若い世代が，是非ともサステナブルツーリズムを優先課題として取り組んでいってくれることを期待する。

巻末資料

GSTCによる宿泊施設およびツアーオペレーター用の基準と指標

（グローバル・サステイナブル・ツーリズム協議会　国際基準および推奨評価指標　VERSION 2.0, 2013年12月10日）

A：効果的な持続可能な経営管理の明示	指標
A1. 実際の規模や実態に則し，環境，社会，文化，経済，品質管理，衛生管理，安全問題に配慮した，長期的かつ持続的な経営の管理制度を実施する。	IN-A1. a. 事業体の規模と実態に則した持続可能な経営の管理制度を実施している。 IN-A1. b. この制度は社会，文化，経済，品質管理，衛生管理，安全問題に配慮している。 解説　小規模な組織では，経営管理の制度がありさえすれば簡略なものでもよい。しかし大規模な組織では制度をきちんと文書化し，正式な報告書や記録を残し，研修も行っていなければならない。（持続可能な経営では実施することが重要であり，組織管理に組み込まれているべきである）
A2. 衛生管理，安全，労働，環境などを含むすべての適用可能な国際法，国内法および条例を順守する。	IN-A2. a. すべての適用可能な国際法，国内法および条例を順守する。（衛生管理，安全，労働，環境などの分野を含む） IN-A2. b. 最新の法的必要条件のリストを備えている。 解説　法的必要条件を満たす登記簿，経費や諸条件が明確にわかる文書を備えていることが望ましい。計画条件の許認可に関する事項は文書化されているべきである。
A3. すべての従業員が，環境，社会，文化，経済，品質管理，衛生管理，安全対策におけるそれぞれの役割および責任に関して，定期的に研修を受ける。	IN-A3. a. すべての従業員が，環境，社会，文化，経済，品質管理，衛生管理，安全対策におけるそれぞれの役割および責任に関して高い意識をもっている。 IN-A3. b. 従業員は，職務に応じ地域で定められている資格を持っている。例）下水処理担当者 解説　意識を高めるための実地研修や正式な研修を実施する。大規模な事業者は，基幹業務の責任についてもマニュアルを用いて正式な研修を実施する。研修用マニュアルなどは，適切な言語で用意する。資格が必要な従業員には，最新かつ最善の取り組みができるよう支援する。

A4. 持続可能性の観点を含めて利用客の満足度を測定し，必要に応じて是正すべく修正，調整を行う。(1)	IN-A4. a. 寄せられた苦情の内容，およびその対応措置について記録する苦情対応の仕組みがある。 解説　最もよい方法は，顧客の満足度調査の分析結果にもとづいて改善するなど，事前の対策を講じることである。
A5. 組織，および商品やサービスに関する広告宣伝は，持続可能性にかかわることを含むすべての情報が，正確かつ包括的でなければならない。ビジネスとして実際に提供できること以上のものを約束しない。	IN-A5. a. 販売促進の資料の内容は，実際に提供できる範囲にとどめ，間違いや誤解を生じないものになっている。 解説　写真などのイメージは，実際の体験や顧客が訪れる場所に限定する。野生生物や文化的な行事に関する販売促進活動は，見られる保証のないものを約束してはいけない。持続可能性に関する主張は過去の業績の範囲とし，予定のものを使用しない。
A6. 建築物およびインフラ整備の計画，設計デザイン，建設，修復，運用，取り壊しについて	
A6.1. 地域の区画要件，保護地域，遺産地域の法律や規則を順守する。	IN-A6.1. a. 土地利用は，その地域が策定している区分けおよび保護地域や遺産地域の法律や規則，利用計画を順守している。 解説　社会，環境保護，都市，レクリエーション，快適性，観光計画など関連のあるすべての法令や規則を考慮に入れる。法令にはすべて応じ，法令で定められていない規則についても状況判断し，適切に対応する。事業者の開業以降に制定された法令に関しては，実施可能であれば順守すべきである。
A6.2. 計画，立地選定，設計デザイン，影響評価を行う際は，周囲の自然や歴史文化遺産に配慮する。	IN-A6.2. a. 立地や設計デザインは，景観，建材，地形，生態系の適応能力に配慮され，周囲の文化遺産保護や保全に貢献している。 IN-A6.2. b. 考古学的遺産，文化遺産，聖域を荒らしていない。（それらのリストを作成し，保護に貢献している） IN-A6.2. c. 絶滅危惧種など保護が必要な生物の，移動の妨げや繁殖地の破壊をしていない。 IN-A6.2. d. 施設が景観を損なっていない。

	IN-A6.2. e. 水路，集水域，湿地に手を加えていない。施設，駐車場，敷地からの水は流水路を設け，ろ過している。 [解説] 新築，改築，新規事業の場合，基準の適用は必須である。
A6.3. 現地に適した持続可能な建設方法および資材を使用する。	IN-A6.3. a. 事業者は，現地に適した方法で資材や建材を構造物に使用している。造園には在来の植物を用い，地域の慣習を施工の方法や過程に取り入れている。 [解説] 資材の現地調達がもたらす恩恵と，持続可能性やライフサイクルとのバランスを考える。
A6.4. バリアフリー化する。	IN-A6.4. a. 施設およびサービス（器具用具を含む）が，特別に補助が必要な人に対応している。アクセスの難易度が顧客に明確に伝わっている。 [解説] 都市部のホテルでは完全な対応が望まれるが，たとえばハイキングなどに利用される山小屋では部分的な対応となり，急流下りなどでは健常者のみが対象となるなど，条件別に顧客への対応を合わせる。
A7. 土地・水の利用権，資産の取得に際しては，地域の自治体および先住民を含む地域住民の権利を守り，事前に情報を共有した上で地元住民の同意を得て，移住を強要しない。	IN-A7. a. 土地の利用や所有，またその場所での活動の権利は合法である。先住民を含む地域住民の所有者から同意を得ている。 IN-A7. b. 土地利用権，土地所有権の取得に際して，移住を強要したり，不当な土地の買収をしていない。 [解説] 新築，改築，新規事業の場合，基準の適用は必須である。
A8. 顧客に対し，周囲の自然環境，地域文化，文化遺産の情報を提供および解説し，自然や生活文化，文化遺産を訪れる際の適切な行動についての説明も行う。	IN-A8. a. 顧客は適切な行動を心得ており，周囲の自然環境や地域文化について基本的に理解している。事業者は，展示物，ガイディング，物品などによる解説プログラムを設けている。 [解説] 地域の自然および文化遺産の解説は，地域文化に精通した人あるいは専門家によって行われることが良である。

B 地域コミュニティの社会的・経済的な利益の最大化，悪影響の最小化	指標
B1. 地域コミュニティのインフラ整備および教育，訓練，保健・衛生などを含む地域社会開発の取り組みを積極的に支援している。(2)	IN-B1. a. 地域コミュニティに対し，商業的支援，現物給付，専門性をいかした奉仕活動などを行い，公益に貢献している。 解説　地域貢献の活動は，地域コミュニティと共同により開発されたものであることが望ましい。その貢献度は，事業体の営業実績や地域コミュニティの経済状況に見合ったものとすべきである。
B2. 地域住民に，管理職も含めた雇用機会を均等に与える。すべての被雇用者に対して，定期的な研修，実地経験，昇進の機会を与える。	IN-B2. a. 管理職を含め，地域住民を雇用している。被雇用者には研修や昇進の機会が与えられている。 解説　地域コミュニティから雇用することが望ましい。地域住民の雇用割合は，その地域の季節性，立地，経済状況に見合うものとすべきである。
B3. 地域サービスの利用や物資の購入は，フェア・トレードの原則に沿ったものとする。	IN-B3. a. 購入はおもに地域の供給者かフェア・トレードを選んでいる。サービスは，地域ビジネスを最大限に利用している。 解説　環境に優しい基準を満たし，フェア・トレードに取り組む地元の供給者を優先した購入方針を持つことが望ましい。サービスや請負事業者などは，なるべく地域から調達する。ツアーオペレーターに関しては，ツアーで利用する地元資本のレストラン，サービス，店舗を支援することがきわめて重要である。
B4. 地元の中小規模の事業者が，その土地の自然，歴史や文化（飲食物，工芸品や伝統芸能，農作物などを含む）に根ざした持続可能な商品を開発し，販売できるようにする。	IN-B4. a. 地元の中小規模の事業者が，手工芸品，飲食物，芸能，物品，サービスなどを，可能なかぎり顧客に直接販売できるようにしている。 解説　地元の中小規模の事業者による直接販売の度合は，地域コミュニティの経済状況に連動する観光事業者の業績に見合ったものすべきである。

	（例：貧しい地域における大きな観光事業者の場合はその度合を大きくすべきであり，経済的に発展した地域における都市型ホテルの場合は小さいものとなるかもしれない）
B5. 伝統的な集落や地域コミュニティにおける活動の行動規範は，影響を受ける地域コミュニティとの協働と合意のもとで策定し実施する。	IN-B5. a. 文書化された行動規範には，事業者の方針，マーケティング，社員研修の内容や研修資料，詳しいパンフレットなどが含まれている。規範の作成は地域コミュニティと協議で行い，同意を得て策定されている。 解説　従業員がわずかな小規模事業者は，実施されていれば簡素化された取り組みでもよい。しかし大規模な事業者は，文書化された行動規範の策定は必須である。
B6. 商業的，性的，その他あらゆる形態の搾取およびハラスメントを防ぐ方針がある。とくに児童，青少年，女性，少数派の人々に対しては留意する。(3)	IN-B6. a. 文書化された方針があり，経営陣を含む全従業員に周知されている。方針の作成に際しては，事業者は地域コミュニティと協議し，同意を得ている。 解説　従業員がわずかな小規模事業者は，実施されていれば簡素化された取り組みでもよい。しかし大規模な事業者は，文書化された方針や担当者への意識啓発および報告システムの策定が必須である。
B7. 女性や地域内の少数派などの人々に対して，管理職を含めた雇用機会を均等に与え，児童労働を避ける。(4)	IN-B7. a. 女性や地域内の少数派の人々の雇用割合が，地域の人口割合に比例している（管理職，非管理職ともに）。女性や地域内の少数派などの人々に対する雇用促進がある。（国際労働機関ILO憲章に基づき）児童労働がされていない。 解説　観光による雇用が少ない地域や，高度な訓練や経験が必要とされる観光事業者においては，地域雇用が限られる場合がある。しかしその場合でも，事業者の規模に見合った地域雇用や研修が望まれる。
B8. 国際または国内の被雇用者保護に関する法制度を尊重し，被雇用者に低限，生活賃金を支払う。	IN-B8. a. 賃金や保障が，地域，国，世界（も高い基準を優先）の基準に見合うかそれを上回っている。 IN-B8. b. 資格要件を満たす従業員への賃金は，国の社会保障制度（制度が存在する場合）に沿ってなされている。

	IN-B8. c. 時間外手当は，標準労働時間を超えた時間数で支払われている。時間外労働時間は，労働基準法または国際労働機関で定められた上限を超えていない。 IN-B8. d. 従業員はすべて，有給休暇を取る権利を持っている。 IN-B8. e. 健康保険かそれに相当する対応が全従業員になされている。 [解説] 地域の従業員に対する賃金や手当は，特別にかかる費用をも補うべきである。(例：公共交通がない場合の時間外通勤手当など)
B9. 事業体の活動は，近隣のコミュニティが必要とする食糧，水，エネルギー，保健・衛生環境といった基本的なサービスを脅かさない。	IN-B9. a. 公共サービスの供給停止の件数および報告数の増加，ならびに地域コミュニティに対するサービスや品質の低下が，事業体に起因していない。 IN-B9. b. 地域コミュニティー収入に占めるエネルギー，水，ゴミ処理のコスト割合の変動を測定している。 IN-B9. c. 事業体の活動が，地域コミュニティに対する水，廃棄物処理，エネルギーの提供を脅かしていない。 [解説] 基準 B9 の評価は一事業体に限定せず，すべての観光業が与える地域コミュニティへの累積的な影響を可能なかぎり分析する。
B10. 観光にかかわる活動は，土地，水資源，通行権，運搬，住居などの地域住民の生活に配慮する。	IN-B10. a. 地域住民は公共や共用の場へのアクセスを保障されており，観光化していない本来の生活を続けている。 IN-B10. b. 通行権，運搬，住居が，障害されることなく良心的な価格で提供されている。 [解説] 観光は，地域経済に悪影響をもたらすことや，観光化していない本来の生活を困難にすることがある。そのため，土地や水資源の利用を確保し，通行権，輸送，住まいへの影響を軽減する措置をとる。

C 文化遺産の魅力の最大化，悪影響の最小化	指標
C1. 文化的，歴史的に外部からの影響を受けやすい場所への旅行に際しては，制定されたガイドラインや行動規範を順守し，旅行者が与える負荷を最小限に抑え，観光の満足度を最大限に引出す。	IN-C1. a. 事業体は，自主ガイドラインまたは行動規範を採択し，年に一度見直しを行い，順守している。 解説　影響評価やモニタリングをもとに規範を設定することが望ましい。
C2. 国内法および国際法上許可された場合を除き，歴史的，考古学的な工芸品の販売，交易や展示は行わない。	IN-C2. a. すべての歴史的，考古学的な工芸品の販売，交易，展示は，国内法および国際法で許可されている。 解説　事業体は，販売，交易，展示を行う前に，その許可を得ていることを示さなければならない。
C3. 地域の歴史的，考古学的，文化的，精神的に重要な財産，遺跡などの保護および維持に尽力する。域住民に対しては，それらの利用権を侵害しない。	IN-C3. a. ツアーオペレーターは，訪れる観光スポットや宿泊施設の地域において，現物支給や経済的支援を行い保全活動に貢献をしている。 IN-C3. b. 地域住民は，その地域内に公平かつ無理のない料金で立ち入ることができる。 解説　保全活動の貢献度は，事業体の規模や，地域の歴史的，考古学的，文化的，精神的な場所への顧客の案内の度合いに見合ったものとする。
C4. 地域コミュニティの知的所有権を尊重しつつ，事業体の運営，デザイン，装飾，料理，販売店などに，地域独自の芸術，建築，文化遺跡の要素を取り入れる。	IN-C4. a. 顧客は，ツアー参加や滞在中に，地域独自の芸術，建築，文化遺跡を鑑賞または見学するか，体験している。 IN-C4. b. 地域独自の文化遺産であるデザイン，モチーフ，芸術を取り入れる場合は，コミュニティや個人の知的所有権を尊重している。 解説　地域独自の芸術品，モチーフ，デザインを事業体の活動素材に採用する。その際は著作権使用承諾を得る（例：ロゴ，パンフレットの表示，布地プリントや壁画など）。文化遺産（とくに先住民族の文化）の利用の仕方が，地域コミュニティから適切だと認められるようにする。

D 環境メリットの最大化，環境負荷の最小化	指標
D1. 資源の保全	
D1.1. 購買方針は，建材，資財，食品，飲料，消耗品を含め，地産地消やグリーン購入を積極的に行うよう定める。	IN-D1.1. a. 文書化された購買方針を持っている。建材，資財，食品，飲料，消耗品を地域で購入するか，あるいは環境的に持続可能な製品に対する支持を明確にしている。 解説　従業員がわずかしかいない小規模の事業体は，実行されていれば簡略な方針でもよい。より大きな事業体は文書化された方針を持ち，担当者への周知，地域での購入，持続可能な製品の採用の見直しを欠かさない。
D1.2. 使い捨て商品や消耗品の購入と使用を管理し，積極的に削減する方法を模索する。	IN-D1.2. a. リユース，リターナブル，リサイクル商品をできるかぎり購入している。購入はまとめて行い，包装はなるべく避けている。 解説　廃棄物管理に関する基準をもつべきである。より大きな事業体は，廃棄管理計画や方針をもつようにする。
D1.3. エネルギー消費量を測定し，エネルギー源を明確にする。全体的なエネルギー消費を最小限に抑え，再生可能エネルギーの使用を促進する方法を導入する。	IN-D1.3. a. 総エネルギー消費量と，利用者の活動（宿泊，旅行など）ごとのエネルギー消費量，エネルギー源ごとの消費量を測定している。 総エネルギー消費量に対する再生可能エネルギーの割合を測定している。 解説　従業員および利用者に対して，省エネの方法を周知する。
D1.4. 消費水量を測定し，水源を明確にする。全体的な消費水量を最小限に抑える方法を導入する。供給水源は持続的で環境流量（自然流量）に悪影響を与えない。	IN-D1.4. a. 宿泊客・旅行客などの活動ごとに，水源別消費水量をキロリットルで測定している。 IN-D1.4. b. 使用するのは，自治体や政府が認可している供給水源もしくは持続可能な水源である。これまでに環境流量（自然流量）に影響しておらず，今後も影響していない。 解説　測定は，地下帯水層，湿地帯，水路を対象とする。乾燥地域や海岸では，帯水層における塩類集積の可能性も考慮する。可能であれば，観光による局所的な水源に対する累積影響も考慮する。

D2. 汚染の削減	
D2.1. 事業体の管理下にあるすべての活動が排出する温室効果ガスを測定し，排出量を小限に抑える手立てが実施されるとともに，終的な排出量を相殺するようにする。	IN-D2.1. a. 直接，間接に排出される温室効果ガスを可能なかぎり測定している。旅行客または宿泊客1人あたりのカーボンフットプリント（二酸化炭素排出量からカーボンオフセット分を引いた量）はモニタリングされており，前年より増加していない。 IN-D2.1. b. 可能なかぎり，カーボンオフセット制度を利用している。 解説　温室効果ガス・二酸化炭素の測定およびオフセットの取り組みは，エネルギー消費量に応じてなされるべきである。例）大自然のトレッキングツアー事業者は送迎の輸送手段などに取り組めばよいが，都市型ホテルや大型リゾートは詳細な二酸化炭素排出量の測定を実施すべきである。
D2.2. 温室効果ガス排出につながる交通，輸送手段の使用を控えるよう，利用者，従業員，商品供給者に勧める。	IN-D2.2. a. 利用者，従業員，商品供給者は，輸送に関する温室効果ガスの排出を削減する方法や機会を知っている。 解説　利用者，従業員，商品供給者による認識の有無を評価基準とする。
D2.3. 中水を含む廃水が適正に扱われ，地域住民や環境に悪影響がないように再利用するか，安全に放流する。(6)	IN-D2.3. a. 廃水は，自治体や国が認可した処理システムを利用している。もしくは IN-D2.3. b. 地域住民や環境に悪影響がないように，廃水処理がなされている。 解説　廃水処理の程度と評価レベルは，地域の環境の脆弱性に応じて実施すべきである。
D2.4. 廃棄物の量を測定し，削減する仕組みを設ける。削減できない廃棄物については，再利用またはリサイクルする仕組みを確立する。終廃棄処理は，地域住民や環境に悪影響を与えないよう行う。	IN-D2.4. a. 廃棄物の種類と排出量，およびリサイクルの種類とその量を測定し記録している。 IN-D2.4. b. 公的に認可された廃棄場で処分している。または環境に影響が出ない廃棄場の利用を証明できる。 解説　再利用または再資源化されない廃棄物については，具体的な数値目標を記した廃棄処理計画を立て実施することが望ましい。

D2.5. 農薬，塗料，プール殺菌剤，洗浄剤を含む有害物質の利用を最小限に抑え，可能なかぎり無害なもので代用する。すべての化学製品は，保管，使用，取り扱い，処分を適切に管理する。	IN-D2.5. a. 使用または保管しているすべての化学物質について，安全性データシート（MSDS）がある。 IN-D2.5. b. 使用している化学薬品について，環境に無害な製品に切り替えられるか検討を行っている。 IN-D2.5. c. 化学薬品は，適切な基準に沿って扱うこと。大量に保管している場合は，とくに留意する。
D2.6. 騒音，照明，流出水，地表侵食，オゾン層破壊混合物による環境汚染，大気と水と土壌を汚染する物質を小限に抑える。	以下を原因とする公害を小限に抑えている。 IN-D2.6. a. 騒音 IN-D2.6. b. 照明 IN-D2.6. c. 流出水 IN-D2.6. d. 地表浸食 IN-D2.6. e. オゾン層破壊混合物 IN-D2.6. f. 大気汚染物質 IN-D2.6. g. 水質汚染物質 IN-D2.6. h. 土壌汚染物質 解説 生態系や地域コミュニティに影響を与える汚染は，緊急時や特別な場合に限定される。
D3. 生物多様性，生態系，景観の保全	
D3.1. 国内法および国際法に基づき運用が持続可能であると保証され，管理された一部の活動を除き，野生生物種を採集，消費的活用，展示，販売，または交易の対象としない。(8)	IN-D3.1. a. 野生生物種の採集，消費的活用，展示，販売，または交易において，国内法および国際法を順守している。 解説 持続可能な運営計画を，科学的な知見に基づき専門家とともに作成することが望まれる。運営計画は，方策，現在と将来の計画，その他野生生物への配慮を含む。
D3.2. 国内法および国際法に基づき適切に管理された活動を除いて，野生生物の捕獲を行わない。保護種を含むすべての野生生物は，認可された適切な環境施設でのみ管理し，人道的に世話をする。	IN-D3.2. a. 捕獲されたすべての野生生物の管理については，国内法および国際法を順守している。 解説 保護された野生生物の管理には，原則として公的な許可が必要である。
D3.3. 外来生物種の侵入防止措置をとる。在来種に関しては，とくに自然景観においてなるべく風景の美化や復元のために利用する。	IN-D3.3. a.（侵略的外来生物である）植物，野生動物，病原体が存在する場合，拡散させない措置をとるか，できれば管理・根絶の措置を講じている。

	IN-D3.3. b. 自然を利用するツアーオペレーターは，外来生物種の持ち込みや拡散防止のためのプログラムを持っている。 IN-D3.3. c. 立地の特性を見直し，在来種の利用を検討し実行している。 解説　保護区やその周辺においては，とくに侵略性の高い外来種（植物や野生動物）に注意すべきである。
D3.4. 自然保護地域，生物多様性価値の高い地域などでは，生物多様性の保全を支援し，尽力する。	IN-D3.4. a. 以下の活動に対する支援金または現物支給・支援の，年間予算に占める割合を指標とする。 i. 自然保護地域や生物多様性の保全または ii. 地力回復（ヘクタール単位）または iii. 生息環境の保護または修復（ヘクタール単位） IN-D3.4. b. 生物多様性の保全に関する環境教育をしている。 解説　生物多様性の保全に対する貢献度は，生物多様性や自然の価値の観光商品への利用度に見合うものとする。自然の多い環境にある宿泊施設の貢献度は高く，都市型ホテルは適度とする。
D3.5. 野生生物とかかわる際は，野生生物に対する累積的な影響を考慮に入れた上で，野生生物の生存能力や個体群の行動に悪影響を与えない。自然生態系への影響は小限に抑える。自然生態系に影響が生じた場合には，自然生態系を再生し，自然保全管理に対して補償を行う。(9)	IN-D3.5. a. 野生生物とかかわる際は，政府の認可もしくは専門家の承認を得て，悪影響を与えないようにしている。 IN-D3.5. b. 自然生態系への影響が生じた場合，その影響を小限に抑え，必要であれば再生するための取り組みを行っている。 IN-D3.5. c. （現金または現物による）補償に対する貢献の度合いは，年間の売上高または利用料に対する割合で確認する。 解説　希少種や絶滅危惧種とかかわりを避けることが望ましい。かかわる場合には，絶対に悪影響が出ないようにしなければならない。ツアーオペレーターによる補償の貢献は，研究者や管理者などに対する後方支援（例：無料送迎）を含む。

(1) UNWTO（国連世界観光機関）の指標および GRI 基準に準じ，顧客満足度の概念は用語集[*]に明記されている。

(2) インフラ：公共機関や施設（道路，水路，下水処理など）の改善および管理
(3) UNWTO，UNICEF（国際連合児童基金），ECPAT（アジア観光における児童買春根絶国際キャンペーン）などの行動規範に署名することで方針の実施の裏付けとなる。（詳しくは www.thecode.org）
(4) 「児童労働」という言葉は，児童から児童期，可能性や威厳を奪い，身体発育や精神発達に悪影響があるとよく定義づけされる。ここでの労働は，児童にとって精神的，身体的，社会的，倫理的に危険かつ悪影響があり，通学の機会と登校に支障をきたし，不完全な登校時間や登校と超過時間労働のかけもちを促すものをいう。http://www.ilo.org/ipec/facts/lang--en/index.htm
(5) ビーチフロントやウォーターフロントのアクセスを含む。
(6) 「中水」は用語集を参照。
(7) 「化学物質の適切な管理」は用語集を参照。
(8) 「野生生物」および「持続可能な利用」は用語集を参照。
(9) 「種の生存率」および「補償貢献」は用語集を参照
＊上述の"用語集"は，下記のGSTCのウェブサイトで参照できる（英語原文のみ）
https://www.gstcouncil.org/gstc-criteria/glossary/

出典：GSTC（2017）

GSTC 観光地用の基準と指標

（グローバル・サステイナブル・ツーリズム協議会　国際基準および推奨評価指標　VERSION 1.0, 2013年12月10日）

A：持続可能な観光地管理	指標
A1　持続可能な観光地への戦略 環境，経済，社会，文化，品質管理，衛生管理，安全管理，また景観に配慮した，規模に見合う中長期的な観光地域戦略を，住民参加によって策定・実施し，一般公開する。	IN-A1. a. 中長期的な観光地戦略は，持続可能性と持続可能な観光に焦点を定め，環境，経済，社会，文化，品質管理，衛生管理，安全管理を含んでいる。 IN-A1. b. 中長期的な観光地計画および戦略を更新し，一般公開している。 IN-A1. c. 中長期的な観光地計画および戦略は，住民参加によって策定している。 IN-A1. d. 中長期的な観光地計画は，政治的支援があり，実施したことを証明できる。
A2　観光地の管理組織（DMO） 持続可能な観光への協調的な取り組みを進めるのに有効な，官民が参加する組織，部局，グループ，委員会などを設置する。これらの組織は，観光地の広さや規模に合ったものとし，環境，経済，社会，文化的課題への管理における責任，監督，実施能力を明確にする。また，これらの組織の活動の財源は，適切に確保する。	IN-A2. a. 管理組織は，持続可能な観光を協調的な方法で運営する責任を担っている。 IN-A2. b. 観光の管理と調整には，民間部門と公共部門とがかかわっている。 IN-A2. c. 管理組織は，観光地の広さや規模に見合ったものである。 IN-A2. d. 管理組織の構成員は，持続可能な観光に対する責任を担っている。 IN-A2. e. 管理組織は，適切に財源が確保されている。
A3　モニタリング 環境，経済，社会，文化，観光，人権問題について調査，公表し，対応できる体制を整える。調査の仕組みは，定期的に見直し，評価する。	IN-A3. a. 環境，経済，社会，文化，観光，人権問題について調査し，結果を公表している。 IN-A3. b. 調査の仕組みは，定期的に見直され，評価されている。 IN-A3. c. 観光による負荷の軽減措置は，財源が確保されており，機能している。
A4　観光業の季節変動に対する経営管理 観光の季節変動を和らげるために，その地域の資源を必要に応じて有効に利用する。地域経済，コミュニティ，地域文化，環境すべてのニーズのバランスをとりながら，年間を通じた観光の実現に取り組む。	IN-A4. a. 閑散期のイベントを企画販売するなど，年間を通じて訪問客を誘致する具体的な戦略がある。

A5　気候変動への適応 気候変動に関するリスクと可能性を見定める仕組みを作る。この仕組みは、気候変動へ適応した設備開発、立地選定、設計デザイン、施設経営の開発戦略を推進する。また、観光地の持続可能性と復元力を向上させ、地域住民と観光客に対する気候変動の教育に貢献する。	IN-A5. a. 気候変動に適応し、リスク評価をする仕組みがある。 IN-A5. b. 気候変動の軽減に関する法律や方針があり、軽減に貢献する技術を推進する法律や方針がある。 IN-A5. c. 一般市民、観光関連事業者、旅行者向けの、気候変動に関する教育と啓発のプログラムがある。
A6　観光資源と魅力のリストアップ 自然や文化に富んだ場所を含む観光資源と魅力についての、最新のリストと評価を公開する。	IN-A6. a. 自然や文化に富んだ場所を含む観光資源と魅力の、リストアップおよび分類がされている。
A7　計画に関する規制 環境、経済、社会への影響評価を行い、持続可能な土地利用、デザイン、建設、解体を統合的に行うようなガイドラインや規制、方策を定める。このガイドラインや規制、方策は、自然および文化的資源を守るよう策定し、市民の声を反映しつつ十分に検討を重ね、一般公開し、順守する。	IN-A7. a. 自然および文化的資源の保護計画やゾーニングに関するガイドライン、規制、方策がある。 IN-A7. b. 持続可能な土地利用、デザイン、建設、解体に関するガイドライン、規制、方策がある。 IN-A7. c. 計画に関するガイドライン、規則、方策は、市民の声を反映し、十分に検討を重ね、策定されている。 IN-A7. d. 計画に関するガイドライン、規則、方策は、一般公開し、順守されている
A8　ユニバーサルデザイン 自然、文化的に重要な場所や施設は、障がい者や特別な準備を必要とする人を含む、あらゆる人たちが利用可能な状態にする。現状では利用が困難な場所や施設に関しては、調和を損ねない範囲で、適切に便宜を図る解決策を計画し、実施し、利用できるようにする。	IN-A8. a. 自然、文化的に重要な観光地や施設において、障がい者や特別な準備を必要とする人の利用を支援する方策がある。 IN-A8. b. 観光地の調和を損ねない範囲で、障がい者が無理なく利用できる解決策がとられている。
A9　資産の取得 資産の取得に関する法律や規則を定め、施行し、自治体と先住民を含む地域住民の権利を保護する。また、地域住民との協議を保障し、正当な補償を行い、事前承諾のない移住・移設は許可しない。	IN-A9. a. 実施規定を含む政策や法律がある。 IN-A9. b. 先住民を含む地域住民の権利を考慮し、公的な協議の場を保障し、正当な補償および事前承諾を得た場合のみ移住・移設を許可する政策や法律がある。

A10　来訪旅行者の満足度 旅行者の満足度をモニターし，その結果を報告書として公開し，必要に応じて旅行者の満足度を高める措置をとる。	IN-A10. a. 旅行者の満足度に関するデータを収集し，報告書として公開している。 IN-A10. b. モニタリングの結果に基づき，旅行者の満足度を向上させるための対策をとる仕組みがある。
A11　持続可能性の基準 事業者向けに，GSTC基準と一致した持続可能性の基準を推進する制度を定める。持続可能性が認定，または検証された事業者の一覧を公開する。	IN-A11. a. 関連業界が支持する持続可能な観光の認定制度か環境マネジメントシステムがある。 IN-A11. b. GSTCに認識された持続可能な観光の認定制度や環境マネジメントシステムがある。 IN-A11. c. 持続可能な観光の認定制度や環境マネジメントシステムへの観光事業者の参加状況を調査している。 IN-A11. d. 持続可能性が認定，または検証された事業者の一覧を公開している。
A12　安全と治安 犯罪，安全性，健康被害などを監視，防止，公開し，それに対応する体制を整える。	IN-A12. a. 観光関連施設における防火対策，食品衛生，電気の安全性の点検を義務化し，継続している。 IN-A12. b. ビーチや観光スポットにおいて，救護室の設置などの安全対策がある。 IN-A12. c. 犯罪を防止し，対応する体制がある。 IN-A12. d. 明確な運賃のタクシー許可制度や，観光地の出入口での組織的な配車システムがある。 IN-A12. e. 安全や治安に関する情報を公開している。
A13　危機管理と緊急時体制 観光地に適した，危機と緊急時の計画を立てる。重要な情報は，住民，旅行者，関連事業者に適切に伝わるようにする。計画は手順を確立し，従業員，旅行者，住民に対して資源（物資・財源）と研修機会を提供し，定期的に更新する。	IN-A13. a. 危機管理と緊急時体制の計画は，観光部門も考慮に入れたものである。 IN-A13. b. 危機管理と緊急時体制の計画実施に必要な資金および人材を確保している。 IN-A13. c. 危機管理と緊急時体制の計画は，民間の観光事業者の意見を取り入れて策定され，緊急時およびその後の伝達手順が含まれている。 IN-A13. d. 危機管理と緊急時体制の計画は，従業員，旅行者，住民に対して資源（物資・財源）と研修機会の提供を定めている。

	IN-A13. e. 危機管理と緊急時体制の計画は，定期的に更新されている。
A14　観光の促進 広報宣伝において，観光地，特産物，サービス，持続可能性に関する情報を正確なものにする。その内容は，旅行者や地域コミュニティを尊重し，事実に基づいたものとする。	IN-A14. a. 観光地の広報宣伝は，旅行者や地域コミュニティを尊重し，事実に基づいたものである。 IN-A14. b. 観光地の広報宣伝は，商品やサービスについての情報が正確である。
B：地域社会における経済利益の最大化，悪影響の最小化	指標
B1　経済調査 観光が地域経済におよぼす直接的，間接的な経済効果については，少なくとも年1回の調査を行い，結果を公表する。公表内容には，旅行者による消費額，客室1室あたりの売上高，雇用，投資データなどを可能な範囲で盛り込む。	IN-B1. a. 旅行者による消費金額，客室1室あたりの売上高，雇用，投資データなどの定期的な調査を行い，結果を公表している。 IN-B1. b. 直接的，間接的な経済効果について，少なくとも年に1回は調査を行い，結果を公表している。 IN-B1. c. 性別と年齢層別の観光関連雇用データは，少なくとも年に1回は収集され公開されている。
B2　地域の就業機会 観光地の事業者は，すべての人に平等な雇用，訓練の機会，労働の安全性，公正な労働賃金を与える。	IN-B2. a. 女性，若年者，障がい者，少数派などの人々や社会的な弱者を含めたすべての人に対して，雇用機会の均等を支持する法律や政策がある。 IN-B2. b. 女性，若年者，障がい者，少数派などの人々や社会的な弱者を含めたすべての人が，平等に参加できる研修プログラムがある。 IN-B2. c. すべての人に対して，労働の安全性を支持する法律や政策がある。 IN-B2. d. 女性，若年者，障がい者，少数派などの人々や社会的な弱者を含めたすべての人に対して，公正な賃金を支持する法律や政策がある。
B3　住民参加 観光地の計画立案や意思決定に関して，継続的に住民参加をうながす体制を整える。	IN-B3. a. 観光地の運営計画や意思決定は，行政，民間企業，コミュニティの利害関係者（ステークホルダー）が参加する体制を整えている。 IN-B3. b. 観光地運営について話し合う住民集会が，年1回以上，実施されている。

B4　地域コミュニティの声 観光地の管理に関する地域コミュニティの期待，不安，満足度などについて定期的に調査と記録を行い，適宜公表する。	IN-B4. a. 観光地の運営に関する住民の期待，不安，満足度などのデータは，定期的に収集，調査，記録，公表されている。 IN-B4. b. データの収集，調査，記録，および公表は，適宜実施されている。
B5　地域住民のアクセス 自然や文化的な場所への地域コミュニティのアクセスについて，定期的に調査と保護を実施し，必要に応じて修復，回復を行う。	IN-B5. a. 地域住民や国内旅行者による自然や文化的な場所へのアクセスに関する調査，保護，修復，回復プログラムがある。 IN-B5. b. 観光名所や観光スポットを訪れる地域住民や国内外旅行者の行動や特性を調査している。
B6　観光への意識向上と教育 観光による影響がある地域社会に対し，観光事業の機会と課題への理解を高め，持続可能性の重要性を伝える定期的な教育プログラムを提供する。	IN-B6. a. 地域コミュニティ，学校，高等教育機関において，観光の役割や可能性の意識を高める教育プログラムがある。
B7　搾取の防止 商業的，性的，その他の搾取やハラスメントを防ぐ法律や慣行を定める。とくに子ども，青少年，女性，少数派などの人々に対するものは，注意を払う。法律や慣行は共有する。	IN-B7. a. 地域住民や旅行者に対し，商業的，性的，その他の搾取，差別またはハラスメントを防ぐための法律やプログラムがある。 IN-B7. b. 法律とプログラムに対して，共通の理解がある。
B8　コミュニティへの支援 事業者，旅行者，市民が，コミュニティや持続可能性の取り組みに貢献できるように促す。	IN-B8. a. 事業者，旅行者，市民が，コミュニティや生態系保全に関する取り組みやインフラ整備に寄付できるプログラムがある。
B9　地域事業者への支援とフェアトレード 地元の中小事業者や団体を支援し，地域の持続可能性につながる特産品や，自然や文化に基づいたフェアトレードの指針を促進，啓発する体制を整える。これらは，飲料，食品，工芸品，伝統芸能，農作物などを対象とする。	IN-B9. a. 地元の中小事業者を支援し，能力を向上させるプログラムがある。 IN-B9. b. 地域の特産品やサービスの利用促進を図るプログラムがある。 IN-B9. c. 地域の自然や文化に基づいた，地域の持続可能性につながる特産品の開発や，促進を図るプログラムがある。 IN-B9. d. 観光の効果がおよぶ地元の職人，農業者，供給者（サプライヤー）を対象とするプログラムがある。

C：コミュニティ，旅行者，文化資源に対する利益の最大化，悪影響の最小化	指標
C1　観光資源の保護 建築遺産（歴史的，考古学的），農村や都市の景観を含む自然および文化的資源を評価，修復，保全するための方針と体制を整える。	IN-C1. a. 建築遺産や，農村や都市の景観を含む自然および文化的資源の保全管理体制がある。 IN-C1. b. 観光資源や名所における観光の影響を調査，測定し，軽減するための管理体制がある。
C2　旅行者の管理 観光資源や名所に対して，自然および文化的資源を保全，保護し，価値を高める旅行者の管理体制を整える。	IN-C2. a. 旅行者管理の計画と運営を担う運営体制が整っている。
C3　旅行者のふるまい とくに配慮を必要とする場所を旅行者が訪れる場合には，節度ある行動をうながすガイドラインを発行し，提供する。このガイドラインは，旅行者による環境負荷を抑制し，望ましいふるまいをうながすものとする。	IN-C3. a. とくに配慮を必要とする場所における旅行者の行動規範となる，文化および環境ガイドラインがある。 IN-C3. b. ツアーガイドとオペレーター向けに実施基準を設けている。
C4　文化遺産の保護 歴史的・考古学的な人工物の適切な販売，取り引き，展示，または贈呈に関する法律を定める。	IN-C4. a. 水没しているものを含む，歴史的・考古学的な人工物を保護する法律や規則があり，かつ実施されている。 IN-C4. b. 無形文化遺産（例：歌謡，音楽，演劇，技術，技能など）の価値を認め，保護するプログラムがある。
C5　観光資源の解説 自然や文化的な観光資源に関する正確な解説を提供する。解説の内容は，地域文化の伝え方として適切であり，コミュニティと協力して作成され，旅行者に適した言語で伝える。	IN-C5. a. 観光案内所や，自然や文化的な観光スポットにおいて，解説を含む情報が提供されている。 IN-C5. b. 解説の内容は，地域文化の伝え方として適切である。 IN-C5. c. 解説の内容は，コミュニティと協力して作成されたものである。 IN-C5. d. 解説の内容は，旅行者に適した言語で伝えられている。 IN-C5. e. 解説の内容を活用しているツアーガイドの研修がある。
C6　知的財産 コミュニティおよび個人の知的財産権の保護や維持に役立つ体制を整える。	IN-C6. a. コミュニティおよび個人の知的財産権を保護する法律や規則，またはプログラムがある。

D：環境に対する利益の最大化，悪影響の最小化	指標
D1 環境リスク 環境リスクを見極め，対応する体制を整える。	IN-D1. a. 環境リスクを認識するために，最近5年の間に観光地の持続可能性を評価している。 IN-D1. b. 認識された環境リスクへの対応策がある。
D2 脆弱な環境の保護 観光による環境への影響を監視し，生息・生育地，生物種，生態系を保護し，外来生物種の侵入を防ぐための体制を整える。	IN-D2. a. 脆弱で絶滅が危惧される野生生物や生息・生育地の一覧が作成され，更新されている。 IN-D2. b. 環境への影響の調査を行っており，生態系，脆弱な環境，生物種を保護する管理体制がある。 IN-D2. c. 外来生物種の侵入を防ぐための体制がある。
D3 野生生物の保護 野生生物（動植物を含む）の採集，捕獲，展示，販売に関し，地方，国内，国際的な法律や基準に則っていることを保証する体制を整える。	IN-D3. a. 絶滅のおそれのある野生動植物の種の国際取引に関する条約（CITES）：ワシントン条約を順守している。 IN-D3. b. 動植物の採集，捕獲，展示，販売を管理する基準があり，規則が設けられている。
D4 温室効果ガスの排出 事業者に対し，すべての活動（サービス供給者も含む）で排出される温室効果ガスを測定，監視，最小化，公開，低減をうながす体制を整える。	IN-D4. a. 温室効果ガス排出量の測定，監視，最小化，公開を支援する事業者向けプログラムがある。 IN-D4. b. 温室効果ガス排出量を低減する事業者向けプログラムがある。
D5 省エネルギー 事業者に対し，エネルギー消費量の測定，監視，削減，公開と，化石燃料への依存の低減を奨励する体制を整える。	IN-D5. a. エネルギー消費量の測定，監視，削減，公開を推進するプログラムがある。 IN-D5. b. 化石燃料への依存の低減を奨励し，エネルギー効率を向上し，再生可能エネルギー技術の採用をうながす政策や刺激策がある。
D6 水資源の管理 事業者に対し，水資源の使用量の測定，監視，削減，公開を奨励する体制を整える。	IN-D6. a. 水資源の使用量の測定，監視，削減，公開する，事業者向けのプログラムがある。

D7　水資源の確保 事業者による水の利用が，地域コミュニティが必要とする水資源に支障をきたさないよう監視する体制を整える。	IN-D7. a. 事業者による水の利用と，地域コミュニティが必要とする水資源とを，かたよることなく両立させられる管理体制がある。
D8　水質 飲用およびレクリエーションに使用する水は，水質基準に沿っていることを継続的に把握する（モニタリングの）体制を整える。その結果は公表し，水質に問題があれば，適時対応する体制を整える。	IN-D8. a. 飲用およびレクリエーションに使用する水の品質を継続的に把握し，公表する管理体制がある。 IN-D8. b. 継続的に把握した結果は公表されている。 IN-D8. c. 水質に問題があれば，適時対応する体制がある。
D9　廃水 浄化槽や廃水処理システムは，立地，維持管理，検査についての明確で強制力のあるガイドラインを設ける。地域住民と環境への影響を最小に抑え，廃水を適切に処理・再利用または安全に放流する。	IN-D9. a. 浄化槽や廃水処理システムからの排水に関する，経路，維持管理，検査の規則があり，順守していることが証明できる。 IN-D9. b. 廃水処理システムの規模や形式の，立地に適合した規則があり，順守していることが証明できる。 IN-D9. c. 廃水を効果的に処理・再利用する事業者向けの支援プログラムがある。 IN-D9. d. 適切な廃水処理と安全な再利用を確実なものとする，もしくは地域住民と環境への悪影響を最小にするプログラムがある。
D10　廃棄物の削減 事業者に対し，廃棄物の削減，再利用，リサイクルを奨励する体制を整える。再利用またはリサイクルされない廃棄物の最終処分は，安全で持続可能なものとする。	IN-D10.1. 廃棄物の排出量を継続して公的に記録する廃棄物収集の体制がある。 IN-D10. b. 数値目標を掲げて廃棄物を削減し，再利用やリサイクルされていない廃棄物を安全で持続可能な方法で処理する計画が実施されている。 IN-D10. c. 廃棄物の削減，再利用，リサイクルに関する事業者向けの支援プログラムがある。 IN-D10. d. 水の容器の削減に関する，事業者および旅行者向けのプログラムがある。
D11　光害と騒音 光害と騒音を最小に抑えるガイドラインや規制を整える。また，事業者に対し，このガイドラインや規制に従うよううながす。	IN-D11. a. 光害と騒音を最小に抑えるガイドラインや規制がある。 IN-D11. b. 光害と騒音を最小に抑えるガイドラインや規制に従うことを推奨する事業者向けプログラムがある。

D12　環境負荷の小さい交通	IN-D12. a. 環境負荷の小さい交通機関の利用促進プログラムがある。
公共交通機関，徒歩や自転車などを含む，環境負荷の小さい交通機関の利用を促進する体制を整える。	IN-D12. b. 旅行者にとって関心の高い観光スポットへの自力移動（例：徒歩や自転車など）を容易にするプログラムがある。

出典：GSTC（2017）

参考文献

Alpine Pearls (2017): Alpine Pearls website: https://www.alpine-pearls.com/en/ (2017/12/20アクセス).

Becken, S. (2008): Developing indicators for managing tourism in the face of peak oil. *Tourism Management* 29(4), p695-705.

Blanco, E., Rey-Maquiera, J. and Lozano, J. (2009): Economic incentives for tourism firms to undertake voluntary environmental management'. *Tourism Management*, 30, p112-122.

Bohdanowicz, P. (2009): Theory and Practice of Environmental Management and Monitoring in Hotel Chains. In (eds) Gössling, S., Hall, C. M. and Weaver, D. B. (2009): Sustainable Tourism Futures. Perspectives on Systems, Restructuring and Innovations. Routledge, USA.

Booking. com (2017): Booking. com's 2017 Sustainable Travel Report. 19, April, 2017. London, UK. https://news.booking.com/bookingcoms-2017-sustainable-travel-report/#_edn1 (2017/11/25アクセス).

Broderick, J. (2009): Voluntary Carbon Offsets-A contributeon to Sustainable Tourism? In (eds) Gössling, S., Hall, C. M. and Weaver, D. B. (2009): Sustainable Tourism Futures. Perspectives on Systems, Restructuring and Innovations. Routledge, USA.

Bricker, S. K., Black, R. and Cottrell, S. (2013): Sustainable tourism and the millennium development goals. The International Ecotourism Society. Jones & Bartlett Learning, Burlington, USA.

Bushell, R. and Simmons, B. (2013): Facilitating Sustainbale Innovations for SMEs in the Tourism Industry-Identifying factores of successs and barriers to adoption in Australia. In (eds) Reddy, M. V. and Wilkes, K. (2013): Tourism, Climate Change and Sustainability. Routledge, NY, USA.

Butler, R. (1999): Sustainable Tourism. *Tourism Geographies* 1(1).

Butler, R. (2013): Sustainable Tourism-The undefinable and unachievable pursued by the unrealistic? *Tourism Recreation Research* 38(2), p221-226.

Carter, C., Garrod, B. and Low, T. (2015): The Encyclopedia of Sustainable Tourism. CABI, Oxfordshire, UK.

Caribbean Hotel Association and Caribbean Tourism Organization (2007): CHA-CTO Position paper for Global Climate Change and the Caribbean Tourism Industry. http://www.caribbeanhotelandtourism.com/downloads/Pubs_ClimateChange0307.pdf (2017/10/26アクセス).

Coccossis, H. and Mexa, A. (2002): Defining, measuring and evaluating Carrying Capacity in European tourism destination. The Environmental Planning Laboratory, the University of the Aegean.

Crutzen, P. J. and Stoermer, E. F. (2000): The "Anthropocene". Global Change Newsletter 41, p17-18

Dolnicar, S. (2015): Environmentally sustainable tourists? In (eds) Hall, C. M., Gössling, S. and Scott, D. (2015): The Routledge Handbook of Tourism and Sustainability. NY, USA.

Dubois, G. and Ceron, nJ. P. (2009): Carbon Labelling and Restructuring Travel Systems. In (eds) Gössling, S., Hall, C. M. and Weaver, D. B. (2009): Sustainable Tourism Futures. Perspectives on Systems, Restructuring and Innovations. Routledge, USA.

Dunphy, D., Griffiths, A. and Benn, S. (2003): Organizational Change for Corporate Sustainability. Routledge, London, UK.

EEA (2001): Environmental Signals 2001. European Environmental Agency, Luxembourg.

EPA (2000): A Method for Quantifying Environmental Indicatores of Selected Leisure Activities in the United States. US Environmental protection Agency, Washington, USA.

Garrod, B. (2015): Foodservice in tourism and sustainability. In (eds) Hall, C. M., Gössling, S. and Scott, D. (2015): The Routledge Handbook of Tourism and Sustainability. NY, USA.

Getz, D. (1994): Residents' attitudes towards tourism. - A longitudinal study in Spey Valley, Scotland. *Tourism Management*, 15. p247-58.

Gössling, S., Peeters, P. M., Ceron, J. P., Dubois, G., Patterson, T. and Richardson, R. B. (2005): The eco-efficiency of tourism. *Ecological Economics* 54(4), p417-434.

Gössling, S. and Hall, C. M. (2008): Swedish tourism and climate change mitigateon:

An emergeng conflict? *Scandinavian Journal of Hospitality and Tourism* 8(2), p141-158.

Gössling, S., Peeters, P. and Scott, D. (2008): Consequences of climate policy for international tourist arrivals in developing countries. *Third World Quarterly* 29(5), p869-897.

Gössling, S., Hall, C. M. and Weaver, D. B. (2009): Sustainable Tourism Futures. Perspectives on Systems, Restructuring and Innovations. Routledge, USA.

Gössling, S. and Peeters, P. M. (2015): Assessing tourism's global environmental impact 1900-2050, *Journal of Sustainable Tourism* 23(5), p1-21.

Green Globe (2016): Green Globe Certification. http://greenglobe.com/green-globe-certification/ (2017/12/20アクセス).

GSTC (2017): GSTC Criteria. Global Sustainable Tourism Council. https://www.gstcouncil.org/gstc-criteria/criteria-translations/ (2017/12/20アクセス).

FAO (2011): Global food losses and food waste-Extent, causes and prevention. FAO, Rome, Italy.

FAO, IFAD and WFP (2015): The State of Food Insecurity in the World 2015. Meeting the 2015 international hunger targets: taking stock of uneven progress. Rome, FAO.

Hadjikakou, M., Chenoweth, J. and Miller, G. (2013): Water and tourism. In (eds) Holdern, A. and Fennell, D. (2013): The Routledge Handbook of Tourism and the Environment.

Hall, C. M. (2010): Tourism and biodiversity: more significant than climate change? *Journal of Heritage Tourism*, vol. 5(4), p253-266.

Hall, C. M., Gössling, S. and Scott, D. (2015a): The evolution of sustainable development and sustainable tourism. In (eds) The Routledge Handbook of Tourism and Sustainability. NY, USA.

Hall, C. M., Gössling, S. and Scott, D. (2015b): Tourism and sustainability. In (eds) The Routledge Handbook of Tourism and Sustainability. NY, USA.

Holdern, A. and Fennell, D. (2013): The Routledge Handbook of Tourism and the Environment. NY, USA.

Hotel Energy Solutions (2011) Hotel Energy Solutions: Fostering innovation to fight climate change-Public Report. Hotel Energy Solutions project publications.

Hotel Energy Solutions (2017): Hotel Energy Solutions. http://hotelenergysolutions.

net（2017/11/25アクセス）

Hotel Year Book (2018): Hotel Year Book 2018 Special Edition on Sustainable Hospitality. Edited by International University of Applied Science.

Hughes, G. (1995): The cultural construction of sustainable tourism. *Tourism Management* 16(1), p49-59.

Hunter, C. (1997): Sustainable Tourism as an adaptive paradigm. *Annals of Tourism Research* 24(4), p850-867.

ICAO (2016): ICAO Environmental Report 2016. https://www.icao.int/environmental-protection/Documents/ICAO％20Environmental％20Report％202016.pdf（2017/11/20アクセス）.

IEA (2017): CO2 Emissions from Fuel Combustion 2017 Edition. International Energy Agency.

IFEN (2000), Tourisme, environnement, territoires: les indicateurs. Institut Francais de l'Environnement, Orleans.

IFT-STD (International Task Force on Sustainable Tourism Development) (2009): Policy Recommendations on Sustainable Tourism Development, Marrakech, Morocco.

IUCN (2008): Biodiversity: My hotels in action. A guide to sustainable use of biological resources. IUCN, Gland, Switzerland.

IUCN, UNEP and WWF (1980): World Conservation Strategy-Living Resource Conservation for Sustainable Development. Morges, Switzerland.

IUCN, UNEP and WWF (1987): Caring for the Earth-A Strategy for Sustainable Living. Morges, Switzerland.

Lane, B. (2009): Thirty Year of Sustainable Tourism-Drivers, Progress, Problems and the Future. In (eds) Gössling, S., Hall, C. M. and Weaver, D. B. (2009): Sustainable Tourism Futures. Perspectives on Systems, Restructuring and Innovations. Routledge, NY, USA.

Leslie, D. (2012): Tourism Enterprises and the Sustainability Agenda across Europe. Routledge, NY, USA.

Millennium Ecosystem Assessment (2005). Ecosystems and Human Well-being. Synthesis. Island Press, Washington DC, USA.

Moscardo, G. (2013): Social representations of climate change. In (eds) Reddy, M. V. and Wilkes, K. (2013): Tourism, Climate Change and Sustainability. Routledge,

NY, USA.

McCool, S. F. (2016): The Changing Meaning of Sustainable Tourism. In (eds) McCool, S. F. and Bosak, K. Reframing Sustainable Tourism. Springer Science + Business Media Dodrecht, London, UK.

McCulloch, N., Winters, L. and Cirera, X. (2001): Trade Liberalization and poverty: A handbook. London. Center for Economic Policy Research.

Our World in Data (2017): Energy and Environment. https://ourworldindata.org/co2-and-other-greenhouse-gas-emissions/ (2017/11/20 アクセス).

Patterson, C. (2016): Sustainable Tourism-Business Development, Operations, and Management. Human Kinethics, Champaign, USA.

Peeters, P. (2007): Report on the Environmental Performance Class of Airlines Flying at Swedish Airports. Breda: NHTV CSTT.

Peeters, P., Gössling, S. and Lane, B. (2009): Moving Towards Low-Carbon Tourism -New Opportunities for Destinations and Tour Operators. In (eds) Gössling, S., Hall, C. M. and Weaver, D. B. (2009): Sustainable Tourism Futures. Perspectives on Systems, Restructuring and Innovations. Routledge, USA.

Reddy, M. V. and Wilkes, K. (2013): Tourism and Sustainability-Transition to a green economy. In (eds) Reddy, M. V. and Wilkes, K. (2013): Tourism, Climate Change and Sustainability. Routledge, NY, USA.

Ringbeck, J. (2010): Green tourism. A road map for transformation. Booz and Company Inc.

Rowell, S. and Richins, H. (2013): Tourism Industry Reponses to Climate Change in Hawaii-An exploratory analysis of knowledge and responses. In (eds) Reddy, M. V. and Wilkes, K. (2013): Tourism, Climate Change and Sustainability. Routledge, NY, USA.

Rutty, M., Gössling, S., Scott, D. and Hall, M. (2015): The global effects and impacts of tourism-An overview. In (eds) Hall, C. M., Gössling, S. and Scott, D. (2015): The Routledge Handbook of Tourism and Sustainability. NY, USA.

Scandic (2017): Scandic, Sustainability http://www.scandichotelsgroup.com/en/sustainability/ (2017/12/30アクセス).

Secretariat of the CBD (2015): Tourism supporting Biodiversity-A Manual on applying the CBD guideline on Biodiversity and Tourism Development. Secretariat of the Convention of Biological Diversity. Motreal, Canada.

Six Senses (2009): Carbon inventory report. Evason Phuket 2008-2009. Six Senses Resorts and Spas, Bangkok, Thailand.

Sharpley, R. (2009): Tourism development and the environment-Beyond sustainability. Earthscan, Oxon, UK.

Steffen, W., Richardson, K., Rockström, J., Cornell, S. E., Fetzer, I., Bennet, E. M., Biggs, R., Carpenter, S. R., De Vries, W., De Wit, C. A., et al. (2015). Planetary boundaries: Guiding human development on a changing planet. Science 347 (6223): 1259855-1-1259855-10. Doi: 10. 1126/science. 1259855.

Strasdas, W. (2009): Sustainable Transportation Guidelines for Nature-Based Tour Operators. In (eds) Gössling, S., Hall, C. M. and Weaver, D. B. (2009): Sustainable Tourism Futures. Perspectives on Systems, Restructuring and Innovations. Routledge, USA.

Sustainable Japan (2017): Sustainable Japan Dictionary. https://sustainablejapan.jp/2016/08/28/virtual-water/23336

The Nature Conservancy (2017): Understanding Ocean Benefits. Mapping Ocean Wealth. https://www.nature.org/ourinitiatives/urgentissues/oceans/understanding-ocean-benefits/index.htm (2017/12/20アクセス).

The Travel Foundation (2017): Resource efficiency and waste reduction. A summary of the Travel Foundation's water, energy and waste programe. https://s3-eu-west-1.amazonaws.com/travelfoundation/wp-content/uploads/2016/11/16121536/Case-study-download-WWE-web.pdf (2017/12/20アクセス).

Thresher, P. (1981): The economics of a lion case study of the Amboseli National Park in Kenya. *Unasylva*, FAO, Rome, Italy.

Travelife (2017): Travelife. Sustainability in Tourism. http://www.travelife.org/Hotels/landing_page.asp (2017/12/20アクセス).

Turner, L. and Ash, J. (1975): The Golden Hordes. Constable, London, UK.

UNEP (2003): A manual for water and waste management: What the tourism industry can do to improve its performance. Division of Technology, Industry and Economics. UNEP, Paris, France.

UNEP (2010): Driving a Green Economy thorough public finance and fiscal policy reform. UNEP, Paris, France.

UNEP (2011): Towards a Green Economy: Pathways to Sustainable Development and Poverty Eradication. UNEP, Paris, France.

参 考 文 献　169

UNEP (2015): Sustainable Consumption and Production. A Handbook for Policymakers-Global edition. UNEP, Paris, France.

UNEP (2016): The Sustainable Tourism Programme of the 10-Year Framework of Programmes on Sustainable Consumption and Production Patterns. Brochure updated Oct, 2016 version. UNEP, Paris, France.

UNEP and ICLEI (the International Council of Locan Environmental Initiatives) (2003): Tourism and Local Agenda 21, The Role of Local Authorities in Sustainable Tourism, United Nations Environmental Program, Paris, France.

UNEP and TIES (2002) Ecotourism: Principles, Practices & Policies for Sustainability.

UNEP and UNWTO (2005) Making Tourism More Sustainable: A Guide for Policy Makers.

UNEP and UNWTO (2012): Tourism in the Green Economy-Background Report, UNWTO, Madrid, Spain.

UNWTO (1996) What tourism Managers Need to Know-A Practical Guide to the Development and Use of Indicators of Sustainable Tourism.

UNWTO (2004): Indicators of Sustainable Development for Tourism Destinations-A Guidebook. UNWTO, Madrid, Spain.

UNWTO (2010): TSA data around the world. Worldwide Summary. Statistics and TSA programe. UNWTO. Madrid, Spain.

UNWTO (2015): Tourism and the Sustainable Development Goals. Brochure published and printed by the World Tourism Organization (UNWTO), Madrid, Spain.

UNWTO (2016): UNWTO World Tourism Barometer Vol. 14, May 2016. Madrid, Spain.

UNWTO (2017a): Sustainable Development of Tourism. Definition. http://sdt.unwto.org/content/about-us-5 (2017/10/27アクセス).

UNWTO (2017b): UNWTO Tourism Highlights 2017 Edition. Madrid, Spain.

UNWTO, UNEP and WMO (2008): Climate Change and Tourism-Responding to Global Challenges. Madrid, Spain.

UNWTO and UNEP (2008): Climate Change and Tourism: Responding to Global Challenges. UNWTO, Madrid, Spain; prepared in collaboration with the World Meteorological Organization.

WCED (1987): Our Common Future (the Brundtland Report). Oxford University

Press, London, UK.

Weaver, D. (2013): Sustainable Tourism-Theory and Practice. Routledge, NY, USA.

WEF (2009): The travel and tourism competitiveness report 2009. Managing in a time of turbulence. (eds) Blanke, J. and Chiesa, T. World Economic Forum, Geneva.

WFP (2009) FAOSTAT, Food balance sheets.

WWF (2016): Living Planet Report 2016. 要約版 WWF, Gland, Switzerland.

Wheeler, B. (2013): Sustainable Tourism: Milestone or millstone? Tourism *Recreation Research* 38(2), p234-239.

Wood, M. E. (2017): Sustainable Tourism on a Finite Planet-Environment, business and policy solutions. Routledge, NY, USA.

WTO (1981): Tourism market, Promotion and Marketing: Sturation of Tourist Destinations. Report of the Secretary General. Madirid, Spain.

WTTC, WTO and Earth Council (1996): Agenda 21 for the Travel & Tourism Industry Towards Environmentally Sustainable Development

Zeppel, H. (2015): Environmental indicators and benchmark for sustainable tourism development. In (eds) The Routledge Handbook of Tourism and Sustainability. NY, USA.

イーグルス, P., マックール, S. F., ヘインズ, C. D. (2005):「自然保護とサステナブルツーリズム」小林英俊 監訳。平凡社，東京。

外務省（2017）：我々の世界を変革する：持続可能な開発のための 2030 アジェンダ仮訳 http://www.mofa.go.jp/mofaj/files/000101402.pdf（2017/11/20アクセス）。

環境省（2015）：IPCC 第 5 次評価報告書統合報告書，2015年 3 月版。

環境省（2017）：みんなで学ぶ，みんなで守る生物多様性：生物多様性と経済活動 http://www.biodic.go.jp/biodiversity/private_participation/crosslink/23.html（2017/11/20アクセス）。

島川崇（2002）：観光につける薬——サスティナブル・ツーリズム理論。同友館，東京。

田原榮一（1999）：新しい観光と持続可能な観光の枠組み。商経論叢 第40巻第 3 号。

藤稿亜矢子（2017）：観光と環境—エコツーリズムとサステナブルツーリズム。（編）塩見英治，堀雅通，島川崇，小島克巳。「観光交通ビジネス」pp133-151，成山堂書店，東京。

農林水産省（2016）：食品ロスの削減に向けて http://www.maff.go.jp/j/shokusan/recycle/syoku_loss/attach/pdf/161227_4-19.pdf（2017/11/20アクセス）。

日本環境教育学会（2012）：環境教育。

宮本佳範 (2009)：" 持続可能な観光 " の要件に関する考察——その概念形成における二つの流れを踏まえて。東邦学誌，第38巻第2号。

GSTC (2013)：グローバル・サステイナブル・ツーリズム協議会国際基準および推奨評価指標 Version 2.0, 2013/12/10. Global Sustainable Tourism Council.

Sustainable Japan (2017)：Dictionary バーチャルウォーター https://sustainablejapan.jp/2016/08/28/virtual_water/23336 (2017/12/20アクセス)。

WWF Japan (2017)：私たちが受けている環境の恩恵 https://www.wwf.or.jp/earth/save/onkei.html (2017/10/10アクセス)。

《著者紹介》
藤稿 亜矢子 (とうこう あやこ)
東京大学大学院新領域創成科学研究科自然環境学専攻博士課程修了。
博士(環境学)。
自然環境の保全と持続可能な利用に関わる研究を経て,2005〜2014年 WWF (World Wide Fund for Nature: 世界自然保護基金)ジャパン職員。国内外の企業,政府と協働し,環境保全プロジェクトに取り組む。
現在,東洋大学国際観光学部教授。一般社団法人環境情報科学センター理事。

主要業績

「観光開発とSDGs――環境保全と地域社会を基盤としたサステナブルツーリズム」(編)北脇秀敏ほか『持続可能な開発目標と国際貢献――フィールドから見たSDGs』朝倉書店,東京,2017年

「観光と環境――エコツーリズムとサステナブルツーリズム」(編)塩見英治ほか『観光交通ビジネス』成山堂書店,東京,2017年

Community-Based Ecotourism as a Tool for Conservation-a Case from Cambodia: *Journal of Environmental Information Science* 44 (5), pp149-156, 2016年ほか

サステナブルツーリズム
地球の持続可能性の視点から

2018年6月10日 初版第1刷発行	＊定価はカバーに
2021年4月15日 初版第2刷発行	表示してあります

著 者　藤稿 亜矢子 ©
発行者　萩原 淳平
印刷者　江戸 孝典

発行所　株式会社　晃 洋 書 房

〒615-0026 京都市右京区西院北矢掛町7番地
電話 075(312)0788番代
振替口座 01040-6-32280

装丁　高石 瑞希　　印刷・製本　㈱エーシーティー

ISBN978-4-7710-3063-3

JCOPY 〈(社)出版者著作権管理機構 委託出版物〉
本書の無断複写は著作権法上での例外を除き禁じられています。
複写される場合は,そのつど事前に,(社)出版者著作権管理機構
(電話 03-5244-5088, FAX 03-5244-5089, e-mail: info@jcopy.or.jp)
の許諾を得てください。